COLEÇÃO
TESOUROS DA
IGREJA

PE. JOSÉ RAIMUNDO VIDIGAL, C.Ss.R.

A LUZ QUE VEM DA BÍBLIA

EDITORA
SANTUÁRIO

COORDENAÇÃO EDITORIAL:
Ana Lúcia de Castro Leite

REVISÃO:
Sofia Machado

DIAGRAMAÇÃO E CAPA:
José Antonio dos Santos Junior

Dados Internacionais de Catalogação na Publicação (CIP) de acordo com ISBD

V653l Vidigal, José R.

A luz que vem da Bíblia / José R. Vidigal. - Aparecida : Editora Santuário, 2024.
96 p. ; 14cm x 21cm.

ISBN: 978-65-5527-423-3

1. Religião. 2. Cristianismo. 3 Bíblia. 4. Estudo bíblico. 5. Igreja. I. Título.

2024-1289 CDD 240
CDU 24

Elaborado por Vagner Rodolfo da Silva - CRB-8/9410

Índice para catálogo sistemático:
1. Religião : Cristianismo 240
2. Religião : Cristianismo 24

1ª impressão

Rua Pe. Claro Monteiro, 342 – 12570-045 – Aparecida-SP
Tel.: 12 3104-2000 – Televendas: 0800 016 00 04
www.editorasantuario.com.br
vendas@editorasantuario.com.br

SUMÁRIO

PREFÁCIO

Muita gente gostaria de saber por onde começar uma caminhada no aprofundamento das lições da Bíblia. Percebe que nela existe um tesouro imenso, mas a porta de acesso parece difícil de abrir e precisa de uma chave de leitura. Este livro quer ajudar Você a conhecer melhor e a valorizar a Palavra de Deus como luz na estrada da vida.

Não proponho aqui um estudo teórico que satisfaça curiosidades, mas ofereço reflexões e meditações sobre fatos da Bíblia, sobre momentos capitais da história da salvação, buscando aprender com eles e orientar nossa própria existência.

Vamos juntos escutar e viver lições preciosas da Bíblia. Aquela mesma aventura, que começou com Abraão e passou por Moisés e os Profetas, para atingir seu ponto alto em Jesus e seus Discípulos, continua na Igreja dos Mártires, dos Doutores e dos grandes Missionários, até chegar a nós, que devemos levar adiante essa caminhada de fé. A história do Povo de Deus, retomada e condensada em Cristo, é nossa história, e cabe a nós assumirmos, com a força do Espírito Santo, o papel de Discípulos-Missionários de nosso tempo. Para conhecer o maravilhoso passado de onde viemos, **vamos reviver os momentos marcantes da história sagrada, tirando as lições que o texto bíblico nos ensina.**

Vem primeiro um capítulo introdutório, sobre o valor e a importância das Sagradas Escrituras para o cristão, pesquisando o testemunho que elas mesmas dão a seu respeito, e em seguida a doutrina da Igreja, aquilo que chamamos de "Tradição". Vamos percorrer depois um caminho que, para nossa surpresa, começa e termina no Paraíso. É uma seleção de fases da história da salvação, comentadas e lidas à luz da espiritualidade de nosso tempo. Jesus vai nos acompanhar, como fez com os discípulos de Emaús no domingo de Páscoa, explicando para nós as Escrituras.

Nossa atitude seja a do jovem Samuel que, ao ouvir a voz divina, respondeu: "Falai, Senhor, vosso servo escuta". Esse clima de oração vai ajudar Você a fazer grandes descobertas... Sejamos aquele terreno bom, onde o Semeador divino possa semear a Palavra para que produza em nós frutos de santidade (Mc 4,20).

Ouçamos os conselhos de dois Mestres espirituais: "Se progrides todos os dias lendo as Escrituras e se torna mais aguda tua inteligência espiritual, tu te tornas sempre novo, dia após dia" (Orígenes). "Quanto mais te elevas, mais a Palavra de Deus se eleva contigo" (Rábano Mauro).

* *As citações bíblicas são tiradas da Bíblia de Aparecida, traduzida pelo autor.*

1

BÍBLIA, TESOURO DA IGREJA

A Igreja tem na Bíblia seu supremo tesouro, um tesouro que se formou em ambientes religiosos, exprimindo a fé de Israel e a fé das comunidades cristãs primitivas. Palavra de Deus em linguagem humana, ela é um conjunto de livros escritos por pessoas inspiradas pelo Espírito Santo.

Na Bíblia, encontramos a história de nossa salvação, a história do amor infinito de Deus por todos nós. Por isso seus ensinamentos são tão importantes. Eles são como uma luz que ilumina e fortalece nossos passos para seguirmos o caminho do bem. "Nos livros sagrados, o Pai que está nos céus vem amorosamente ao encontro de seus filhos e conversa com eles" (Concílio Vaticano II, Constituição *Dei Verbum* 21). A Bíblia realiza, de maneira perfeita, o objetivo mais nobre que jamais foi dado a um livro: fazer-nos entrar em contato com o Criador. A Bíblia é fonte de conversão, de santidade, de esperança, de fraternidade e de paz.

São Lourenço de Bríndisi (1559-1619) nos diz: "A Palavra de Deus é luz para a inteligência e fogo para a vontade, para que a gente possa conhecer e amar a Deus". A Santa Igreja, para quem este tesouro recebido do céu é fonte preciosíssima e regra divina do dogma e da moral, assim como o recebeu ilibado das mãos dos Apóstolos, assim com todo o cuidado o conservou e defendeu de toda e qualquer interpretação falsa e errônea. A Igreja é uma comunidade que escuta e anuncia a Palavra de Deus. A Igreja não vive de si mesma, mas do Evangelho; e do Evangelho tira, sem cessar, orientação para seu caminho. Como povo de Deus, ela tem consciência de ser ajudada pelo Espírito Santo, em sua compreensão e em sua interpretação das Escrituras.

Palavra de Deus

A própria Bíblia, falando de si mesma, diz: **"Toda a Escritura é inspirada por Deus e útil para ensinar, convencer, corrigir e educar para a justiça, a fim de que o homem de Deus seja perfeito, equipado para toda boa obra"** (2Tm 3,16s).

"Ficai sabendo que nenhuma profecia da Escritura admite interpretação pessoal; pois uma profecia não é pronunciada por vontade humana, mas foi pelo impulso do Espírito Santo que alguns falaram da parte de Deus" (2Pd 1,20s).

A Bíblia é um livro da Igreja e só pode ser retamente interpretada dentro da Igreja e de acordo com ela. Para nós, a Igreja pede aquilo que São Paulo desejou aos Colossenses: "Que a palavra de Cristo habite em vós com toda a sua riqueza" (Cl 3,16).

O próprio Novo Testamento reconhece o Antigo Testamento como Palavra de Deus, admitindo assim a autoridade das Sagradas Escrituras do povo judeu. Com efeito, Jesus e os Apóstolos apoiaram-se nos Salmos, nas profecias e em todo o conjunto do Antigo Testamento, citando-o como palavra divina para confirmar seu ensinamento.

O Salmista já rezava assim a Deus: "Lâmpada para meus passos é vossa palavra e luz em meu caminho" (Sl 118/119,105). "Senhor, vós acendeis minha lâmpada, meu Deus, aclarai minhas trevas (Sl 17/18,29). O batismo cristão era comparado com uma iluminação. Um antigo hino cristão dizia: "Acorda, tu que dormes; levanta-te, que Cristo te iluminará" (Ef 5,14). Na mesma carta, São Paulo escreveu à comunidade: "Outrora éreis trevas, mas agora sois luz no Senhor" (Ef 5,8). Iluminados pela Palavra de Deus, os cristãos são luz no mundo a seu redor (Mt 5,14).

Ao tomarmos contato com a Palavra de Deus, podemos viver a mesma experiência de Moisés, que desceu do monte Sinai com o rosto resplandecente, irradiando a luz divina que o iluminou (Ex 34,29). É como diz o Sl 35/36,10: "Em vossa luz vemos a luz". Ver a luz equivale a viver. A luz do olhar de Deus ilumina os olhos de nosso coração e ensina-nos a ver tudo na luz de sua verdade e de sua misericórdia para com todos.

É muito significativo o testemunho do empresário Nizan Guanaes, publicado no jornal "Valor Econômico" de 7/11/2023: "Aprendi que a Bíblia não é só um texto. Ela é uma palavra viva. Você lê uma passagem em um dia e ela não lhe diz nada. De repente, você lê o mesmo trecho em outro dia e... parece que a cabeça se expande". Foi isso que exprimiu o papa São Gregório Magno (570-604) quando disse que "a Escritura cresce com quem a lê": cada pessoa descobre a Palavra a partir de sua própria experiência.

Escrita para nossa instrução

A afirmação está clara em Rm 15,4: "Tudo o que outrora foi escrito é para nossa instrução que foi escrito, a fim de que tenhamos esperança por meio da constância e da coragem que as Escrituras nos dão".

O Concílio Vaticano II formulou este voto: "Com a leitura e o estudo dos Livros Sagrados, 'difunda-se a Palavra de Deus e seja acolhida com honra' (2Ts 3,1), e cada vez mais encha os corações dos homens o tesouro da Revelação, confiado à Igreja" (DV 26). E acrescentou, citando Santo Agostinho: "Ouvindo o anúncio da salvação, o mundo inteiro creia, crendo espere, esperando ame" (DV 1).

Tudo na Bíblia tem sentido para nossa vida, no contexto histórico, social e religioso em que vivemos. Por isso, quando nos colocamos diante de um texto bíblico, devemos ter atitudes de muito amor e de muita reverência. É Deus que está nos falando. E sua Palavra é eterna, ela permanece para sempre (Is 40,8). A Bíblia será a mesma até o fim do mundo. Até o último dia da história, ela continuará iluminando a humanidade com uma luz sempre nova. Nunca se poderá dizer que tudo já foi falado, descoberto e investigado. Ela vai continuar enriquecendo os pregadores, os estudiosos e o povo cristão, em geral, na busca do pleno sentido para sua vida espiritual.

Ao comentar os fatos do êxodo dos israelitas, São Paulo afirma: "Estes fatos nos servem de exemplo... tudo isso lhes acontecia como figura e foi escrito como advertência para nós" (1Cor 10,11). É em um clima de oração que a Palavra de Deus nos transmite a mensagem. A leitura da Sagrada Escritura deve ser acompanhada da oração. "Reza para compreender", recomendava Santo Agostinho. E acrescenta: "Tua oração é tua palavra dirigida a Deus. Quando rezas, és tu que falas com Deus; quando lês, é Deus que te fala". Santo Ambrósio faz uma comparação emocionante: "Quando tomamos nas mãos com fé as Sagradas Escrituras e as lemos com a Igreja, a gente volta a passear com Deus no paraíso". Ler a Bíblia é voltar ao paraíso.

Maurice Zundel (1897-1975) escreveu em seu Poema da Sagrada Liturgia: "Só de joelhos se compreende a Sagrada Escritura. É preciso amar a Bíblia para compreendê-la". Lemos na Imitação de Cristo este conselho: "Se quiserdes tirar frutos da Escritura, lede-a com humildade, com simplicidade e fé. Só é possível compreender verdadeiramente a Bíblia em estado de oração".

Recebida da Tradição

No capítulo 8 dos Atos dos Apóstolos, conta-se como o evangelista Filipe encontrou na estrada de Jerusalém a Gaza um etíope que estava lendo em seu carro o profeta Isaías. Filipe perguntou-lhe: "Consegues entender o que estás lendo? A resposta foi: "Como poderia, se ninguém me orienta?" (At 8,31). A Tradição responde a este anseio. É graças a ela que a Igreja fornece resposta às inúmeras perguntas que surgem no espírito de quem aborda o texto sagrado. É a Tradição viva da Igreja que nos faz compreender adequadamente a Sagrada Escritura como Palavra de Deus.

Para os Santos Padres, a Tradição era a Bíblia viva, a Bíblia prolongada pela Igreja. É na Igreja e por ela que a Escritura encontra todo o seu sentido. O lugar originário da interpretação da Escritura é a vida da Igreja; esse é um critério fundamental da hermenêutica bíblica.

Entende-se por "tradição" a autoridade viva docente da Igreja tal como ela existiu desde sua fundação por Jesus Cristo. É a Igreja que define a Bíblia como Palavra de Deus e determina o cânon dos livros sagrados. A importância da Tradição tem base na Escritura, como lembrou o Vaticano II: "Os apóstolos, transmitindo o que eles mesmos receberam, advertem os fiéis a que mantenham as tradições que aprenderam quer por palavra quer por escrito" (DV 8 citando 2Ts 2,15).

A Tradição viva é essencial para que a Igreja, no tempo, possa crescer na compreensão da verdade revelada nas Escrituras. De fato, "mediante a mesma Tradição, conhece a Igreja o cânon inteiro dos livros sagrados, e a própria Sagrada Escritura entende-se nela mais profundamente e torna-se incessantemente operante" (DV 8).

Lutero e os demais Reformadores cometeram o erro inexplicável de separar a Bíblia da Tradição que lhe havia garantido o texto e contribuído para elucidá-lo. Se não fosse por meio da Tradição, como saberíamos quais são os livros que compõem a Bíblia? "**Esta mesma Tradição mostra à Igreja quais são exatamente todos os Livros Sagrados** [o cânon da Bíblia] **e faz compreender mais profundamente, na Igreja, esta mesma Sagrada Escritura** e torna-a operante sem cessar" (DV 8).

O discernimento para a Igreja definir o "cânon" das Santas Escrituras foi a conclusão de um longo processo, dirigido e iluminado pelo Espírito Santo. Os Concílios de Hipona (393) e de Cartago (397) e uma carta do papa Inocêncio I do ano 405 provam que naquele momento o cânon estava fixado tal como o possuímos. É precisamente a fé da Igreja que reconhece na Bíblia a Palavra de Deus. Por isso disse Santo Agostinho: "Não acreditaria no Evangelho se não me movesse a isso a autoridade da Igreja Católica". Por meio da obra do Espírito Santo e sob a guia do Magistério, a Igreja transmite a todas as gerações aquilo que foi revelado em Cristo. A Igreja vive na certeza de que seu Senhor, tendo falado outrora, não cessa de comunicar hoje sua Palavra, na Tradição viva da Igreja e na Sagrada Escritura.

A Igreja, em sua doutrina, vida e em seu culto, perpetua e transmite a todas as gerações tudo aquilo que ela própria é e tudo quanto ela acredita (DV 8). A Tradição e as Escrituras são como que um espelho no qual a Igreja, peregrina na terra, contempla Deus, de quem tudo recebe, até chegar a vê-lo face a face tal qual Ele é (DV 7).

A resposta própria do homem a Deus que fala é a fé. Isso mostra que "para acolher a Revelação, o homem deve abrir a mente e o coração à ação do Espírito Santo que o faz compreender a Palavra de Deus presente nas Sagradas Escrituras" (DV 5).

Veja o que disse o papa Bento XVI na Exortação Apostólica Pós-Sinodal *Verbum Domini*, n. 121: "Nunca devemos esquecer que, na base de toda espiritualidade cristã autêntica e viva, está a Palavra de Deus anunciada, acolhida, celebrada e meditada na Igreja".

Conhecer, amar, praticar, proclamar

O Concílio Vaticano II atestou a riqueza infinita da Bíblia quando prescreveu "que a pregação eclesiástica, assim como a própria religião cristã, seja alimentada e regida pela Sagrada Escritura" (DV 21). A teologia, a catequese, a espiritualidade, tudo na Igreja passou a ter como inspiração o rico patrimônio da Palavra de Deus. E os frutos estão aí bem visíveis. Na Celebração Eucarística, a Mesa da Palavra ficou enriquecida e ampliada com as três leituras nos domingos e nas festas e com a alternância dos Anos A, B e C; a homilia dominical, nascida de uma profunda reflexão bíblica, é um alimento mais substancioso. A teologia moral, fundamentada na doutrina de Jesus e dos Apóstolos, é uma verdadeira riqueza espiritual, não apenas uma série de normas. Repare os cânticos que temos: já percebeu como são muito mais profundos e como continuam agradando ao povo aqueles baseados na Bíblia? Veja, por exemplo, "Prova de amor maior não há", "Eu vim para que todos tenham vida", "Com amor eterno eu te amei".

Para terminar, ouçamos o papa Bento XVI na Exortação *Verbum Domini:* "O Verbo de Deus comunicou-nos a vida divina que transfigura a face da terra, fazendo novas todas as coisas (Ap 21,5).

Sua Palavra envolve-nos não só como destinatários, mas também como seus anunciadores. É necessário descobrir cada vez mais a urgência e a beleza de anunciar a Palavra para a vinda do Reino de Deus, que o próprio Cristo pregou".

O que a Igreja anuncia ao mundo é a mensagem da Esperança (1Pd 3,15); o homem moderno precisa da grande Esperança para poder viver seu próprio presente.

Por um lado, é necessária a Palavra que comunique aquilo que o próprio Senhor nos disse: por outro, é indispensável dar, com o testemunho, credibilidade a essa Palavra, para que não apareça como uma utopia, mas antes como uma realidade que se pode viver e que faz viver.

PARA REFLETIR

O que Você busca na leitura da Bíblia?
Como Você mostra seu respeito pela Bíblia?
Como ajudar a Comunidade a conhecer melhor a Bíblia?

2

O MUNDO SONHADO POR DEUS

A primeira verdade da Bíblia

O Livro Sagrado começa afirmando que "Deus criou o céu e a terra". É assim também que tem início nosso Credo, atribuindo ao Pai todo-poderoso o ato maravilhoso de criar. Não existia nada, quando Deus criou todas as coisas, com sabedoria e amor, para manifestar sua glória. Isso é uma verdade tão essencial, que foi o que a mãe dos Macabeus repetiu a um filho seu no momento supremo em que dava a vida pela fé dos pais: "Eu te peço, meu filho, contempla o céu e a terra e observa todas as coisas que neles há, reconhece que não foi de coisas existentes que Deus as fez e que também o gênero humano tem a mesma origem" (2Mc 7,28). E ainda hoje rezamos ao Criador com estas palavras do Livro da Sabedoria: **"Sim, amais tudo o que existe e não desprezais nada de tudo o que criastes; porque, se não amásseis alguma coisa, não a teríeis criado, Senhor, amante da vida!"** (11,24.26). Reza o Sl 32/33,6: "Pela palavra de Javé foram feitos os céus, e todo o seu exército, pelo sopro de sua boca".

Livro escrito por Deus

Conforme Santo Agostinho, a obra da criação do mundo foi como escrever um livro, o primeiro que Deus escreveu. Um livro estupendo, cujas letras são representadas pela multidão de criaturas que compõem o universo. Imprimiu nelas suas impressões digitais e no ser humano deixou nada menos que sua imagem e semelhança (Gn 1,26). Pertencemos a Deus, por causa dessa imagem impressa em todos nós. Os diferentes seres refletem, cada qual a seu modo, uma centelha da sabedoria e da bondade, da beleza e da grandeza do Criador. Em cada criatura, podemos encontrar um apelo para um relacionamento de amor e gratidão para com Ele. Diz o Sl 18/19,2: "Os céus proclamam a glória de Deus e o firmamento anuncia a obra de suas mãos". Sobre esse texto Beethoven compôs aquele hino: "Die Himmel rühmen des ewigen Ehre", "Os céus louvam a glória do Eterno... Escuta, ó homem, sua Palavra divina..."

As criaturas revelam o Criador

São Paulo afirmou: "As perfeições invisíveis de Deus manifestam-se à inteligência por meio de suas obras, desde a criação do mundo" (Rm 1,20). A tal ponto que, "a grandeza e a beleza das criaturas conduzem, por analogia, a contemplar seu Autor" (Sb 13,5). O solo, a água e as montanhas: tudo é carícia de Deus. A contemplação da natureza nos leva a sentir o quanto Ele nos ama. São Francisco de Assis louvava a Deus por suas criaturas: "Fazei que em cada coisa vejamos um raio de vossa beleza divina". Se nós rezamos, como no hino de Daniel, "obras todas do Senhor, bendizei o Senhor; sol e lua, estrelas do céu, bendizei o Senhor" (Dn 3,57.62s), é porque estamos conscientes de que é por meio de nossa boca que chegam a Deus os louvores da criação. O livro de Jó nos convida a aprender com os seres criados:

"Interroga os animais, para que te ensinem; as aves do céu, para que te informem; ou fala com os répteis da terra, para que te instruam; ou com os peixes do mar, para que te contem. Quem não sabe, entre todos esses seres, que a mão de Deus fez isto? Ele tem na mão a alma de todo ser vivo, e o espírito de todo ser humano" (Jó 12,7-10).

A harmonia do paraíso

Ao terminar sua obra, o Criador viu que tudo era muito bom (Gn 1,31). Dá para perceber que Deus tem um sonho para se realizar em nosso mundo e conta com a humanidade para que ele aconteça. Beleza e fartura, harmonia e paz reinam nesse jardim de Éden plantado por Ele e entregue ao ser humano para o cultivar e guardar (Gn 2,15). Abundância de água, vegetação exuberante, árvores com toda espécie de frutos, ar puro e um clima paradisíaco – tudo o que se pode imaginar de perfeição e plenitude. O lobo habita com o cordeiro, a pantera vive ao lado do cabrito, o novilho e o leãozinho pastam juntos (Is 11,6). Homem e mulher, feitos um para o outro e segundo a imagem divina, vivem a mais perfeita felicidade do amor. Em plena comunhão com suas criaturas, Deus passeia com Adão e Eva no jardim de Éden à brisa da tarde. "Minha felicidade é estar perto de Deus" – cantará o Salmista (Sl 72/73, 28). A imortalidade, esse sonho de todo ser humano, não seria naturalmente acessível a ele; mas o Criador quis satisfazer esse anseio, fazendo crescer no meio do jardim a árvore da vida (Gn 2,9), para que bastasse ao homem comer de seu fruto para ser imortal (cf. Gn 3,22).

Cultivar e guardar o jardim

Qual deverá ser nossa atitude para demonstrar a necessária gratidão a Deus por essa imensa dádiva de seu poder misericordioso? Qual nossa contribuição para que o mundo se mantenha em sua beleza e perfeição? O Magistério do papa Francisco preconiza uma ecologia integral – ambiental, econômica e social – fruto de uma educação para a aliança entre a humanidade e o ambiente, pois, como ele repete: "Tudo está interligado". São palavras dele: "O urgente desafio de proteger nossa casa comum inclui a preocupação de unir toda a família humana na busca de um desenvolvimento sustentável e integral". O domínio que Deus dá ao homem sobre os seres criados (Gn 1,28) deve ser lido à luz desse dever de cultivar e guardar a natureza. Não se trata de um domínio absoluto sobre as outras criaturas. "Dominar" não é esgotar a criação. É antinatural todo domínio despótico e irresponsável do ser humano sobre as outras criaturas. Os cristãos advertem que sua tarefa no seio da criação e seus deveres em relação à natureza e ao Criador fazem parte de sua fé.

Em sua recente Exortação apostólica *Laudate Deum* sobre a crise climática (2023), ensina Francisco: "**Deus uniu-nos tão estreitamente ao mundo que nos rodeia, que a desertificação do solo é como uma doença para cada um, e podemos lamentar a extinção de uma espécie como se fosse uma mutilação**" (n. 68). Um crime contra a natureza é um crime contra nós mesmos e um pecado contra Deus. Vale aquele princípio afirmado no Sl 23/24,1: "A Deus pertence a terra e tudo o que nela existe".

Ainda há esperança

Você sabe como essa história continuou... Os homens pensaram em "subir na vida" por conta própria, quiseram ser iguais a Deus, contrariando os planos do Criador. Duvidaram dele, perderam a confiança, tiveram de se esconder, já não eram mais amigos, e a própria natureza também se revoltou. Rm 8,19-23 diz que a decadência do "rei da criação" afetou, em um grau misterioso, o nível de perfeição de todas as criaturas.

O resultado foi a perda do paraíso e a existência neste mundo de maldade, mentira e violência. Mas surge a promessa de que o inimigo "que venceu na árvore do paraíso, em outra árvore seria vencido" (Gn 3,15). E o paraíso não foi destruído, ele vai reaparecer na história. Quando o Senhor Jesus entregar o Reino ao Pai, para que Deus seja tudo em todos (1Cor 15,28), os seres humanos, "com todas as criaturas, libertas da corrupção do pecado e da morte", glorificarão o Pai Criador. Mas, no momento, trata-se de reencontrar o ser humano perdido; quais serão os caminhos de Deus?

PARA REFLETIR

Como é possível descobrir Deus nas criaturas?
Como Você manifesta sua gratidão ao Deus Criador pelos bens deste mundo?
Como promover nas pessoas o respeito à natureza criada?

3

DEUS ESCOLHE ABRAÃO

A história recomeça

O pecado de Adão não foi o fim do relacionamento com Deus, porque logo em seguida Ele mesmo prometeu um Salvador. **O plano divino era salvar as pessoas não individualmente, mas formando um povo que haveria de viver com Ele uma longa história de amor** (Vaticano II, Constituição *Lumen Gentium* 9). Esta começa com Abraão, chamado por uma voz desconhecida para deixar seu país e sua família, com a promessa de receber uma terra, uma descendência e de ser uma bênção para todas as famílias da terra. Foi uma aparição, uma voz, ou apenas um sentimento interior muito forte de que Deus estava lhe dando uma missão? Ainda hoje, tem gente que diz: Deus me chamou para isto, Deus quer isto de nós. Ele tem mil modos para nos mostrar sua vontade. "Sai de tua terra e vai para a terra que te mostrarei" – é o que lemos em Gn 12,1. Tem início aquilo que chamamos de "revelação", que significa a vinda de Deus ao encontro do ser humano, para dialogar com ele, manifestando-lhe sua Pessoa e suas intenções, seus desígnios. Deus não desiste de nós. Continua a contar conosco.

Caminhou com Deus

A respeito de Henoc, um dos patriarcas antediluvianos, a Bíblia diz que "ele caminhou com Deus" (Gn 5,24). Nosso querido santo redentorista Geraldo Majela deixou escrito que "caminhar com Deus é ter Deus presente em tudo o que fazemos e dizemos, é estar sempre unidos com ele". Portanto, é um procedimento que todos nós podemos e devemos ter. Assim fez Abraão. Quando chegou à terra de Canaã, Deus lhe apareceu em Siquém e repetiu suas promessas. Aí pela primeira vez Abraão ergue um altar e invoca o nome do Senhor, gesto que vai repetir em muitos lugares, os quais se tornarão os santuários de seus descendentes. Em seguida, como pastor nômade, de etapa em etapa ele vai percorrendo todo o país e vai ouvindo novas revelações de Deus, que se manifesta igualmente em outras ocasiões. Pouco a pouco, este Deus se lhe torna familiar, faz aliança com ele e o chama de amigo (Is 41,8).

Pai de muitos povos

Em uma noite de céu estrelado, Deus conduz Abraão para fora da tenda e o faz contemplar aquele espetáculo maravilhoso: "Conta as estrelas, se fores capaz. Assim será tua descendência" (Gn 15,5). Mas Sara, a esposa dele, era estéril e ele próprio, já avançado em anos. Enaltecendo a fé do Patriarca, escreveu São Paulo na Carta aos Romanos: "Ele tinha quase cem anos, e sentia que seu corpo já perdera o vigor, e sabia que o seio de Sara já não tinha vida; mesmo assim não vacilou na fé. Apoiado na promessa de Deus, estava convencido de que Deus é poderoso para tornar realidade o que prometeu. Contra toda esperança, ele acreditou na esperança e por isso tornou-se pai de muitos povos" (Rm 4,18s), pai de todos os que creem "no Deus que dá a vida aos mortos e chama à existência as coisas que não existem" (v. 17). Cristãos, judeus e muçulmanos o veneram igualmente assim como seu pai.

As demoras de Deus

Podemos imaginar com quantas crises de fé Abraão se debateu. Em nossa existência também enfrentamos algumas. Quais são as crises que o mundo atual nos faz enfrentar? Vale para nós o conselho do Eclesiástico: "Suporta as demoras de Deus, fica unido a Ele sem te separar, para que fiques sábio em teus caminhos. Aceita tudo o que te acontece; permanece firme na dor e paciente em tua humilhação; porque com o fogo se provam o ouro e a prata, e os eleitos no cadinho da humilhação" (2,3-5). Sem jamais duvidar das promessas que ouviu, Abraão vê cumprir-se aquela que parecia a mais difícil: nasceu Isaac, filho de Sara, filho da promessa. Assim, "de um só homem, já marcado pela morte, nasceram filhos tão numerosos como as estrelas do céu e os grãos de areia na praia do mar" (Hb 11,12). Mas ao morrer, Abraão tinha apenas os dois filhos, Isaac e Ismael. Não chegou a "ver os filhos de seus filhos", promessa que Deus fez a tantos de seus escolhidos. E quanto à terra que seria sua, ele viveu a vida toda em tendas, não tinha morada permanente, nem um palmo de chão. Quando sepultou Sara, pagou aos heteus o preço que lhe pediram por uma gruta em Hebron (Gn 23,20).

Nosso pai na fé

Abraão superou também aquela que seria a prova suprema de sua fé, de sua obediência a Deus. O relato de Gn 22 começa dizendo que "Deus pôs Abraão à prova", e pediu-lhe a imolação de seu "filho único, que tanto amas"; só que ele próprio não sabia que se tratava de um teste. E se dispôs a obedecer, levando o filho ao local do sacrifício. A caminhada é silenciosa até que o filho lhe pergunta onde está a vítima a ser oferecida. O pai responde apenas que "Deus providenciará". O que se passou no coração daquele homem, a Carta aos Hebreus tenta descrever, dizendo que "ele pensava que Deus tem poder até para ressuscitar mortos" (11,19). E Deus providenciou uma vítima para substituir o menino, que foi devolvido ao pai. Em nota, a Bíblia de Aparecida comenta: "Desta forma, **o pai dos que creem configurou-se ao Pai que não há de poupar seu próprio Filho, mas o entregará por todos nós** (Rm 8,32). **Isaac é um símbolo da imolação e da ressurreição de Jesus, devolvido ao Pai como Isaac o foi a Abraão**".

A grande descoberta

Tudo é extraordinário na história de Abraão: sua familiaridade com Deus, a confiança inabalável, a obediência sem pestanejar e essa fé imensa, que nos fazem sentir pequenos diante de tamanho herói. Para seguir a voz de Deus, ele foi capaz de renunciar ao passado, abandonando sua terra e os parentes, e de renunciar também ao futuro, estando disposto a sacrificar seu filho. Para sermos como Abraão, precisamos ter a coragem de renunciar a nossos projetos e entregar sem reserva nossa vida nas mãos de Deus. Abraão é apresentado como o homem que caminha na fé, isto é, que aceita as exigências de Deus em sua vida.

O papa Bento XVI disse que ter fé significa permanecer firme naquilo que se espera, estar convencido daquilo que não se vê. É exatamente o que fez Abraão. Ele se encontrou com Deus e tudo mudou em sua vida. Nós encontramos o Cristo e descobrimos um mundo novo. "No início do ser cristão ... há o encontro com um acontecimento, com uma Pessoa que dá à vida um novo horizonte e, desta forma, o rumo decisivo" –, escreve o mesmo Papa na Encíclica *Deus Caritas est*, n. 1. Você viveu, está vivendo, um encontro assim? Um encontro que o torna amigo íntimo de Deus? Saber que Deus me ama, me ama pessoalmente e por isso está sempre comigo – eis a grande descoberta.

PARA REFLETIR

Como devo viver hoje a fé e a obediência de Abraão?
Quais são nossas crises de fé?
O que pode ajudar-nos a crescer na fé?

4

MOISÉS GUIA O POVO PELO DESERTO

Um novo cenário

A terra de Canaã sofreu uma terrível carestia, que obrigou os descendentes de Abraão a se instalarem no Egito, onde foram acolhidos pelo bisneto dele, José, alçado à dignidade de vice-rei. Na chegada eram setenta pessoas, mas o Senhor os multiplicou fazendo-os tão numerosos como as estrelas do céu (Dt 10,22). Com o desenrolar da história, a sorte deles mudou, porque os poderosos serviram-se deles como mão de obra escrava para suas edificações. A opressão chegou a tal ponto, que um decreto do faraó ordenou que os filhos homens das famílias dos hebreus fossem eliminados ao nascerem. Teria Deus esquecido suas promessas, abandonando desta maneira seus amigos? Ele tem caminhos que sempre nos surpreendem. "Haverá alguma coisa impossível para Deus?" (Gn 18,14).

Um bebê entregue ao rio

Quando ele nasceu, "vendo que era belo", sua mãe o escondeu o quanto pôde, mas depois colocou-o em um cesto de junco deixado dentro do Rio Nilo. Quis a Providência que a filha do faraó, sensibilizada, resolvesse adotá-lo, tirando-o das águas. Daí o nome "Moisés", que lhe foi dado. Aquela criaturinha, salva de um perigo extremo pela mão de Deus, haveria de ser o instrumento d'Ele para libertar seus irmãos. Educado como seu próprio filho pela filha do faraó, Moisés viveu no palácio real e "foi instruído em toda a sabedoria dos egípcios, tornando-se poderoso em palavras e obras" (At 7,22). No entanto, gozando de todas as regalias de uma vida principesca, ele não esqueceu que pertencia a um povo escravizado e se dispôs a abandonar todo aquele luxo para servir aos irmãos.

Qual é vosso nome?

Aparecendo a Moisés na sarça ardente, Deus dirá que viu, sim, a miséria do povo, ouviu seu clamor, conhece suas aflições e desceu para libertá-lo (Ex 3,7s). É o mesmo Deus dos Pais, Abraão, Isaac e Jacó, mas revela-se com um nome novo: Javé, Aquele-Que-É, e escolhe Moisés e seu irmão Aarão como instrumentos de seu poder libertador. "Pobre de mim!" É a primeira reação do escolhido. "Terei de enfrentar o poder e a fúria do monarca mais poderoso da terra?" **Deus responde a Moisés com aquela garantia que dará a todo escolhido seu: "Eu estarei contigo!"** (Ex 3,12). Ele é transcendente e misterioso, mas se mostra presente junto a seu povo para salvá-lo, como o exprime o nome Emanuel, Deus conosco. É como Jesus dirá a São Paulo: "Basta-te a minha graça" (2Cor 12,9). E este afirma com coragem: "Tudo posso naquele que me dá força" (Fl 4,13). Tem início então a grandiosa epopeia do triunfo de Deus sobre o faraó; este terá de curvar-se diante do poder de Javé, manifestado por meio de grandes prodígios.

Sereis meu povo

A saída do Egito põe fim a um longo período de 430 anos em terra estrangeira (Ex 12,40). Será celebrada anualmente em uma solene comemoração, chamada "Páscoa", passagem, reunindo-se a família para uma memória agradecida: "Éramos escravos do faraó no Egito, mas Javé nos tirou do Egito com mão poderosa" (Dt 6,21). A libertação do Egito será o modelo de todas as futuras intervenções salvíficas de Deus. Doravante Ele será chamado Aquele que nos tirou da escravidão do Egito (Ex 20,2), o Deus da liberdade e da esperança. A travessia do mar Vermelho será a porta para a liberdade. E no monte Sinai acontecerá a grande transformação daquela multidão anônima em uma verdadeira comunidade, chamada a ser "reino de sacerdotes e povo santo". Israel torna-se propriedade de Javé, o qual lhe entrega sua lei e conclui com ele uma aliança de proteção, sintetizada nas palavras: "Serei vosso Deus e vós sereis meu povo" (Lv 26,12).

Um deserto para atravessar

Mas a caminho da Terra Prometida, a terra onde corre leite e mel (Ex 3,8), é preciso atravessar um imenso deserto. O deserto é um puro caminho de fé naquele que com mão poderosa e braço estendido decretou o fim da escravidão. Em contraste com a falsa segurança do Egito, onde o alimento básico estava garantido, o povo experimenta agora o que é depender totalmente da Providência divina, por isso, quando sente fome e sede, não consegue vencer a provação e sucumbe em murmurações, suspirando até por um retorno à servidão do Egito. Moisés resiste, "como se visse o invisível" (Hb 11,27). **Deus manifesta sua presença na nuvem que paira sobre a Tenda e intervém com gestos de salvação em favor de seu povo: água, comida, vitória nas batalhas.**

Realmente, levou os seus sobre asas de águia (Ex 19,4). A Bíblia voltará sempre a recordar o êxodo, pois foi então que o povo hebreu descobriu seu Deus. De que modo esse povo encarou a passagem de seus antepassados pelo deserto e que lições tirou dessa etapa?

O êxodo em nossa fé cristã

São Paulo ensina que os fatos de outrora aconteceram para nos servir de exemplo e foram narrados como advertência para nós (1Cor 10,11). O deserto é passagem obrigatória para alcançar a meta, é o lugar onde Deus se mostra presente, alimento e força ao longo do itinerário. O deserto revela o coração do homem, fraco diante da provação. A mesma importância fundamental que tem o êxodo na história dos hebreus, tem a Ressurreição de Cristo em nossa fé. Com o mesmo nome de Páscoa, eles comemoram a passagem da escravidão para a liberdade, e nós a vitória de Cristo na Ressurreição.

A aliança do Sinai prefigura a nova e eterna aliança da Páscoa redentora de Cristo. O Decálogo dado por Deus a Moisés permanece a norma de vida, não só do Judaísmo, mas também dos cristãos. A passagem do mar Vermelho e o maná tornaram-se símbolos respectivamente do Batismo e da Eucaristia. O êxodo nos ensina a valorizar a liberdade cristã para que, libertos por Cristo, lutemos pela libertação de nossos irmãos.

PARA REFLETIR

Qual é o valor do bom uso da liberdade?
De qual escravidão o mundo de hoje precisa ser libertado?
Quais são os sinais de que Deus caminha conosco no deserto deste mundo?

5

ENTREI NA TERRA QUE ELE PROMETERA

Um novo chefe...

Passaram-se quarenta anos desde a saída do Egito e tinha desaparecido toda aquela geração que saiu de lá. Inclusive Moisés, que só viu de longe a terra esperada. Após tantos anos de caminhada pelo deserto, o Povo de Deus está maduro para entrar no repouso prometido (cf. Hb 4,11). Já surgiu um novo líder, Josué, ao qual Deus diz: "Meu servo Moisés morreu; agora, levanta-te, atravessa o Jordão tu e todo este povo, em direção à terra que Eu dou aos israelitas. Ninguém te poderá resistir; estarei contigo como estive com Moisés. Sê firme e corajoso, porque o Senhor teu Deus estará contigo por onde quer que andes" (Js 1,2.5.9). De novo, a promessa de estar presente, lado a lado. "Se Deus é por nós, quem será contra nós?" (Rm 8,31).

... semelhante a Moisés

A Bíblia faz claramente um paralelo entre o novo chefe e o anterior. É verdade que "nunca mais surgiu em Israel um profeta igual a Moisés, com o qual Deus conversava face a face" (Dt 34,10).

Mas "o braço do Senhor não se encurtou" (cf. Nm 11,23), isto é, Deus continua dando sinais de seu poder e de sua bondade; assim, a assistência divina concedida no passado é garantia da presença salvífica de Deus em qualquer situação.

Josué terá uma visão de Deus semelhante àquela que teve Moisés; a lança de Josué terá uma força comparável à vara com que Moisés realizava prodígios; a travessia do Rio Jordão será a pé enxuto como aconteceu no mar Vermelho; uma solene Páscoa será celebrada ao entrar na Terra Santa como ocorreu na saída do Egito. O nome "Josué" é o mesmo de Jesus, significa "Deus salva". **Ao atravessar o Jordão e conduzir os caminheiros ao repouso prometido, Josué antecipa e profetiza a ação de Jesus, que nos dá seu Batismo e vai à frente da Igreja, guiando-a até o céu.**

A terra é dom e conquista

A doação da terra será um ato de fidelidade às promessas feitas aos Patriarcas e a seus descendentes. Se o Gênesis é o livro das promessas (Gn 12,2), Josué é o livro em que elas se cumprem. A Terra Prometida e doada tornar-se-á o símbolo do Reino de Deus e finalmente da pátria celeste. Aquilo que Deus concede tem o homem de o merecer por sua participação e sua coragem.

A ideia subjacente às narrativas do livro é a de que Deus combate as batalhas de Israel e dá-lhe a vitória, que será mais d'Ele do que das armas. O auxílio divino era indispensável, por isso enquanto uns lutavam, outros rezavam, como ao combater contra Amalec (Ex 17,11). Para caírem os possantes muros de Jericó bastará uma liturgia de procissões e trombetas (Js 6,20); Deus combatia por Israel (Js 10,14) e entregava os inimigos em suas mãos (Js 11,8).

É o que acontece em nossa busca da eternidade: temos de construir, com a graça de Deus, nossa morada no céu. Dizia Santo Agostinho: "Aquele que *te criou sem ti, não te salvará sem ti*". Mas **"o único gesto que Deus espera de mim e de Você é o 'sim'. O resto, todo o resto, Ele faz" – afirma Santa Teresa.** "Abre bem as portas do teu coração e deixa a luz do céu entrar".

Entrei na Terra

Podemos imaginar a felicidade dos caminheiros ao chegarem a Canaã. Já estavam cansados daquela aridez monótona feita só de pedra e areia que tinham atravessado durante quarenta anos. Por isso a visão do Rio Jordão com suas águas cristalinas e toda a vegetação luxuriante a seu redor foi um espetáculo de encher os olhos; realmente, esperava-os uma terra onde corre leite e mel (Ex 3,8)! O povo é preparado para atravessar o rio como se fosse um ato religioso. De fato, a travessia é descrita com toda a solenidade de uma liturgia. Como que abrindo caminho, a Arca da Aliança vai à frente de todo o povo; e as águas do Jordão param, formando uma barreira para o povo passar a pé enxuto.

Chegando a Canaã, o povo logo se apega a essa "terra de riachos e fontes, terra de trigo e cevada, de vinhas, de figueiras... terra de oliveiras, de azeite e de mel" (Dt 8,7s).

Depois de dominada a terra, ela foi toda repartida entre as doze tribos, recebendo cada qual sua parte. As promessas de Deus se cumpriram! Valeu a pena acreditar, perseverando nos contratempos e nas adversidades!

O livro de Josué ensina que toda a terra pertence a Deus (3,13). Fazendo uso da terra, o homem deve sentir-se administrador de um bem que não é seu e deve agir em tudo segundo as normas do Deus justo e santo.

Mais tarde, ao ofertar a Deus os primeiros frutos colhidos na terra, o israelita professará sua fé e sua gratidão, rezando: "Declaro hoje a meu Deus que entrei na terra que Ele prometera a nossos pais!" (Dt 26,3).

Serviremos ao Senhor

Depois de narrar a conquista e a partilha da terra entre as tribos, o livro de Josué termina com a narrativa de uma cerimônia de aliança, situada em Siquém, bem no centro do país, lugar por onde Abraão entrou em Canaã (Gn 12,6). A colocação da narrativa aqui, portanto, serve como uma conclusão apropriada para o livro: todo o Israel está unido sob a liderança de Josué em culto a Javé, assim como eles estiveram unidos nas batalhas da conquista.

As alianças entre os reis e seus povos tinham um formulário definido, que começava recordando as relações de amizade entre eles, depois formulava as cláusulas do contrato, terminando com uma lista de sanções. Josué faz uma síntese da história, desde o tempo de Abraão até o momento presente (Js 24,2-13); é uma espécie de credo histórico, que destaca a presença protetora de Deus junto ao povo. Ele cumpriu as promessas feitas no passado, libertou da opressão do Egito e conduziu o povo à liberdade e à vida na Terra Prometida. Depois de fazer um apelo para que todos continuem a servir esse Deus fiel, **Josué pede que cada pessoa tome sua decisão. Ele e sua casa já resolveram: "Serviremos ao Senhor!"** (v. 15) É o que o povo solenemente repete, prometendo aderir com liberdade e alegria ao Deus verdadeiro, o Deus da vida, e rejeitando os deuses falsos dos outros povos. Esse Deus nos escolheu entre tantos povos; para nós Ele será o Único, os outros nada são! Mas será capaz, este povo, de cumprir suas promessas?

PARA REFLETIR

Como manter nossa fidelidade a Deus?

Qual é a importância da união dentro da comunidade?

Por que devemos continuar acreditando em Deus?

6

TEMPO DE REIS E DE PROFETAS

O povo pede um rei

Depois que morreu Josué, sem deixar um sucessor na chefia da comunidade, esta viveu períodos difíceis. O povo das doze tribos ia fazer uma experiência diferente, caminhando cada qual por conta própria, unindo-se às vezes quando se tratava de combater um invasor. E esses vinham de todos os lados, cobiçando as lavouras e os rebanhos de Israel.

Era bastante precária a unidade entre as doze tribos, teoricamente baseada apenas na fé no Deus único e na aliança do Sinai. Teoricamente, porque decaiu muito a vida religiosa do povo, e os compromissos assumidos no Sinai eram violados com frequência ou vividos por uma minoria. Os mais religiosos começaram a interpretar como castigo dos pecados as invasões dos povos vizinhos que se apoderavam do produto de seu trabalho. Um profeta anônimo anunciava em nome de Deus: "Não venereis os deuses dos amorreus em cuja terra habitais! Vós, porém, não obedecestes a minha voz" (Jz 6,10).

Gemendo sob o peso da opressão, o povo suplicava a Deus para ser libertado, o que realmente acontecia sob a chefia de

um líder chamado de "juiz". E sucedia o que constatava Santo Agostinho: "Durante os castigos, o ser humano confessa seus pecados; mas quando Deus se afasta, as lágrimas estancam depressa". E a história se repetia: pecado-opressão-súplica-libertação.

Mas chegou a hora, no tempo do último juiz, Samuel, que o povo cansado de tamanha angústia, pediu "um rei como todas as nações tinham" (1Sm 8,5).

"Já temos um rei: Javé, nosso Deus!" – era a resposta dos mais zelosos. Então, que seja um rei temente a Deus, que governe o povo como representante d'Ele.

O rei ideal

A primeira tentativa foi com Saul, ungido por Samuel, depois que Deus lhe garantiu: "Ele governará meu povo" (1Sm 9,17). Mas após ter alcançado algumas vitórias, ele se mostrou desobediente ao Senhor e foi rejeitado. O novo rei será ungido pelo mesmo Samuel, que recebeu de Deus esta ordem: "Eu te envio à casa de Jessé, pois dentre seus filhos escolhi para mim um rei" (1Sm 16,1).

Entramos assim no capítulo mais grandioso da história de Israel, seu período áureo. Davi foi colecionando vitórias, sendo a primeira a que obteve contra o gigante filisteu Golias. Foi bem sucedido em todos os campos de batalha, conseguindo ampliar seus domínios com novos territórios. Foi ele que tomou Jerusalém das mãos dos jebuseus e fez dela sua capital. Deus lhe prometeu que a realeza sempre pertenceria a um descendente seu, o que de fato aconteceu. Não faltaram na biografia do rei ideal certos erros decorrentes da fraqueza humana. O mesmo profeta Natã, que lhe anunciou os dons especiais de Deus, foi encarregado de repreendê-lo, lançando-lhe ao rosto esses pecados e lhe fala das consequências deles: "A espada jamais se apartará de tua casa" (2Sm 12,10). Se enorme foi seu pecado, maior foi o arrependimento, que lhe inspirou o tocante Salmo 50/51 e muitos outros, que lhe valeram o título de "cantor dos cânticos de Israel" (2Sm 23,1).

Surgem os Profetas

Ao começar a era dos profetas, algo totalmente novo acontece na história da humanidade. Eles são homens do Espírito e da Palavra, por isso esses inspirados têm a ousadia de falar em nome do próprio Deus. Estão à frente de seu tempo, como a consciência crítica do povo, instruindo as pessoas para que entendam sua história como revelação de Deus. Este movimento profético em Israel haveria de constituir um patrimônio espiritual insuperável.

O profeta tem perfeita consciência de não dizer uma palavra sua, mas a de Deus, que o enviou e o sustenta; por isso ele se arma de coragem e audácia. É que muitas vezes tem de enfrentar os poderosos para defender a justiça e a verdade, como fez Elias diante do rei Acab (1Rs 18,17s), Jeremias diante de falsos profetas (Jr 28,15s) e Amós, contestado pelo sacerdote Amasias (Am 7,12s). O confronto entre carisma e poder é de todos os tempos.

Colocado por Deus como sentinela para seu povo (Ez 33,7) e sempre atento aos acontecimentos dos meios políticos e religiosos, o profeta assume diante deles uma posição crítica e iluminadora, por isso sua pregação está sempre encarnada em uma situação concreta. Nenhum profeta se isola da história. Prega a fé nas promessas divinas, relembra a Aliança, a libertação, o dom da terra, reforça a esperança do Messias, mas também adverte e ameaça com a punição divina pelos pecados de infidelidade do povo. Purifica e santifica o povo, chamando-o à conversão. Denuncia as injustiças sociais, o formalismo e a hipocrisia de um culto apenas exterior, por isso estéril. O profeta expressa com sua vida o conteúdo da mensagem profética. Ele vive o que anuncia. É uma pessoa de vanguarda, vive à frente de sua época. Mostra o verdadeiro rosto de Deus, santo, justo e amoroso. Diante desse Deus, com o qual está sempre em contato, intercede pelo povo pecador (2Mc 15,14).

Um coral de profecias

Em Congonhas, MG, a Basílica do Senhor Bom Jesus ostenta em seu adro doze estátuas esculpidas pelo Aleijadinho, que representam profetas. Em meus anos de jovem seminarista nesta cidade, eu ficava impressionado com aquelas imagens antigas, cada qual com sua frase latina gravada na pedra, e imaginava qual seria a mensagem deles para nosso mundo. Ora, veja como a pregação deles continua atual.

Miqueias: "Ó homem, foi-te ensinado o que é bom, o que o Senhor requer de ti: apenas praticar a justiça, amar a misericórdia e caminhar humildemente com teu Deus" (Mq 6,8).

Oseias: Quero misericórdia e não sacrifício, o conhecimento de Deus mais que os holocaustos (6,6).

Baruc: Felizes de nós, porque o que agrada a Deus nos foi revelado (4,4).

Jonas: Eu sabia que Vós sois um Deus de piedade e de ternura, rico em amor (4,2).

Joel: Enviarei meu Espírito sobre todo ser humano. Vossos filhos e filhas profetizarão, vossos anciãos terão sonhos, vossos jovens terão visões (3,1).

Ezequiel: Eu vos aspergirei com água pura e sereis purificados. Dentro de vós porei meu espírito; tirarei de vosso peito o coração de pedra e vos darei um coração de carne (36,25s).

Sofonias: O Senhor revogou tua sentença, eliminou teu inimigo. O Senhor está no meio de ti, não deverás mais temer o mal (3,15).

Habacuc: O justo viverá por sua fidelidade (2,4).

Isaías: Cessai de praticar o mal, aprendei a fazer o bem; procurai o que é justo, socorrei o oprimido. Ainda que vossos pecados sejam como escarlate, ficarão brancos como a neve. Mas se vos recusardes e vos rebelardes, sereis devorados pela espada (1,16-20).

Jeremias: Purifica teu coração da maldade, Jerusalém, para que sejas salva (4,14).

Nós todos somos profetas

"Quem dera que todo o povo de Deus profetizasse, dando-lhe o Senhor o Seu Espírito!" Foi esse o desejo de Moisés, quando vieram lhe dizer que, além dos setenta anciãos escolhidos, outros dois estavam profetizando no acampamento (Nm 11,29). Ora, como anunciou Joel, todo ser humano receberá o Espírito, e essa profecia se cumpriu no Pentecostes (At 2,16). Em nosso Batismo e em nossa Crisma foram pronunciadas sobre nós estas palavras: "Que o Espírito Santo te consagre com este óleo, para que participes da missão do Cristo sacerdote, profeta e rei". "Recebe por este sinal o Espírito Santo, dom de Deus." **Todo cristão foi constituído profeta de Jesus, para falar ao mundo de hoje, tão necessitado da luz da Verdade, a mensagem do divino Mestre, a Palavra que salva.**

Sim, "a Palavra está em tua boca e em teu coração" (Dt 30,14). Repare quantas oportunidades Deus lhe dá de falar d'Ele e de seu Reino de Amor e Paz. "Aquilo que você descobriu, que o ajuda a viver e lhe dá esperança, isso é que deve dizer aos outros. Anunciar que Deus nos ama como um Pai, que Ele está perto de cada um de seus filhos com seu poder salvador, que Ele nos acompanha na tribulação, que fortalece nossa esperança em meio a todas as provas." Nós cristãos somos portadores de boas novas para o mundo sofrido em que vivemos. É isso que nos ensinou o Documento de Aparecida, n. 30. Reze e viva como São Francisco de Assis: "Senhor, fazei-me instrumento de vossa paz: onde houver ódio, que eu leve o amor..." A Igreja proclamou no Concílio Vaticano II: "Cristo cumpre o ofício profético, não só através da hierarquia, mas também por meio dos leigos, que Ele constituiu suas testemunhas" (DV 35).

PARA REFLETIR

Se toda autoridade foi estabelecida por Deus (Rm 13,1), que tipo de governo deveríamos ter?

Como ser profeta no mundo atual?

Por que nossa obediência a Deus é sinal de nosso amor?

7

O POVO É EXPULSO DA TERRA

Será que tudo acabou?

As vozes dos profetas pouco foram ouvidas. Os chefes dos sacerdotes e o povo multiplicaram as infidelidades, imitando todas as abominações dos pagãos. Deus enviou-lhes sem cessar mensageiros, pois queria poupar seu povo. Suas ameaças anunciavam a ruína. O profeta sofre, tendo de falar a verdade que dói, porque ama seu povo, é solidário com ele. Mas como aceitar que o amor de Deus seja desprezado, que reinem a apostasia e a injustiça? Ele lança o alerta e sofre.

Mas muitos zombavam dos enviados de Deus, desprezavam suas palavras, até que a ira do Senhor contra seu povo chegou a tal ponto que já não havia mais remédio (cf. 2Cr 36,14-16). Naquele verão do ano 587, quando a cidade de Jerusalém foi destruída e a população deportada, tudo parecia acabado. Mas uns poucos, como Jeremias, acreditavam que o povo não podia morrer, pois tinha uma missão a cumprir.

Nós que não temos uma religião ligada a uma terra, a um trono régio e a um Templo único – como era o caso dos hebreus

– dificilmente imaginamos quanto o exílio em Babilônia foi uma catástrofe para a fé de Israel. Era preciso nessas circunstâncias ter muita visão e uma firmeza inabalável para acreditar que a história do povo não estava acabada.

Os hebreus foram obrigados a partir para o exílio, deixando para trás a "terra onde corre leite e mel". Tudo estava perdido: Jerusalém incendiada, o templo arrasado, a população dizimada pela fome e pela guerra. Não havia mais rei nem sacerdotes. Infelizmente, tiveram de ser cumpridas as ameaças dos profetas, que desde Moisés advertiam o povo, para que não fosse infiel e desobediente ao Senhor. "É por causa dos pecados que cometestes diante de Deus, que sereis levados para Babilônia como prisioneiros por Nabucodonosor, rei dos babilônios" (Br 6,1).

A crise de fé

Chama-se "exílio" ou "cativeiro" o período que vai da deportação para a Babilônia até o retorno a Jerusalém, ou seja, do ano 587 a 538. Os fatos pareciam contradizer a escolha divina de Israel como povo eleito. O exílio seria um desmentido de todas as promessas divinas?

A reação dos exilados foi, a princípio, não acreditar na realidade, depois a revolta contra Deus, mais tarde a aceitação, a confissão da culpa e o recurso ao Senhor da história. O Salmista reza, olhando a seu redor: "à beira dos canais de Babilônia, nós nos sentamos a chorar, com saudades de Sião" (Sl 136/137,1). Esse salmo inspirou ao compositor italiano Giuseppe Verdi o famoso coro da ópera Nabucco, "Va, pensiero, sull'ali dorate".

Os hebreus perderam a liberdade, agora são escravos em um país estrangeiro. Os babilônios zombavam, perguntando: "Onde está vosso

Deus?" (Sl 42,4). Alguns hebreus chegaram a duvidar: "O Senhor nos abandonou, Ele se esqueceu de nós". A resposta veio d'Ele mesmo: "**Pode uma mulher se esquecer de seu filhinho e não se compadecer dele? Ainda que as mulheres se esquecessem, Eu não me esqueceria de ti;** gravei-te na palma da mão..." (Is 49,14-16).

Ou então, será que nosso Deus só tem poder na terra de Israel? Teria sido derrotado pelo deus babilônico Marduc? É que, no entender dos antigos, os triunfos de uma nação manifestam o poder de suas divindades, como se os deuses nacionais lutassem entre si. É em suas numerosas faltas que o povo eleito será obrigado a reconhecer a causa de sua desgraça. Entendeu que o exílio era o castigo de seus erros e buscou o perdão de Deus, confiante nas palavras de Miqueias: "Deus terá piedade de nós, pisará nossas culpas e jogará no fundo do mar todos os nossos pecados" (7,19).

Manter a identidade

A Bíblia conserva duas cartas de Jeremias aos exilados: Jr 29 e Br 6. Na primeira, recomenda que eles se estabeleçam no país e levem uma vida normal, porque o exílio será longo. A segunda, que é apócrifa, adverte contra a idolatria, para que não se deixem hipnotizar pelo visual grandioso dos rituais pagãos.

Ainda bem que as autoridades não dispersaram os exilados, mas os assentaram em comunidades agrícolas próximas. Isso favoreceu a conservação do patrimônio espiritual, religioso e cultural. Podiam falar a própria língua, seguir seus costumes e suas práticas religiosas. Podiam livremente reunir-se, comprar terras, construir casas e comunicar-se com a pátria.

Para Israel, a questão de sua identidade tornou-se primordial na tragédia do exílio: Quem somos nós neste mundo? O que nos diz nossa história? Começou a apreciar e valorizar mais sua lei, os costumes, os textos religiosos, as tradições, para manter pura sua fé no meio de um povo idólatra. Os exilados encontram sua unidade mais profunda, a da fé e da esperança. Escapam da divisão interna não reencontrando uma terra, mas guardando a garantia da promessa.

Resgatando lembranças

Então houve redatores que reuniram tradições orais, documentos já elaborados por escrito, peças de arquivo e também lembranças de muitos fatos diversos. A literatura religiosa salvou o povo de ser absorvido pelas nações.

Nessa base podia-se organizar e desenvolver um culto, não um culto sacrifical, mas uma liturgia da palavra, consistindo em reunir-se para ouvir a Deus mediante a leitura e o comentário dos textos sagrados e para lhe falar na oração. Assim nasceram as sinagogas, onde até hoje os judeus se reúnem para ouvir e celebrar a Palavra de Deus. O tempo do exílio viu também surgir novos escritos bíblicos, como as Lamentações e alguns Salmos. Em contato com os estrangeiros, o povo de Deus tomou consciência de sua identidade e de sua missão de ser luz para os outros povos (Is 49,6). O povo escravo tornou-se missionário.

Consolai meu povo

Antes do exílio, a palavra profética era carregada de ameaças e advertências. No exílio e depois dele, a situação havia mudado e fazia-se necessária uma palavra de ânimo e esperança, de estímulo e encorajamento.

Deus estava lá no meio dos exilados, comunicando-se por meio do profeta Ezequiel e de um profeta desconhecido que se levanta na noite do exílio, mas não para comentar fracassos e catástrofes. Por meio dele, Deus fala agora de amor e de perdão. A vocação desse profeta, chamado Segundo Isaías, é transmitir a seus irmãos a força e a ternura do amor de Deus por eles. "Consolai, consolai meu povo" (Is 40,1).

Quando tudo parecia perdido, lembraram-se daquele profeta que dissera a Israel que não desesperasse. "Reprime teu pranto e as lágrimas de teus olhos, porque existe recompensa para tua dor. Há esperança para teu futuro: teus filhos voltarão para seu território" (Jr 31,16s). Vencendo toda revolta contra Deus, reconheceram sua culpa e, por fim, imploraram socorro. Foram retomando a confiança de que Deus haveria de devolver a terra a seu povo como a deu no passado. "Saireis com alegria e em paz sereis reconduzidos" (Is 55,12). Em uma imagem forte, Ezequiel anuncia o futuro como uma ressurreição de ossos secos. "A casa de Israel está dizendo: 'Nossos ossos estão secos, nossa esperança está desfeita. Para nós está tudo acabado'. Assim diz o Senhor: Abrirei vossos túmulos e vos reconduzirei para a terra de Israel" (Ez 37,11s).

Uma dor que faz crescer

O povo que não atendera aos apelos dos profetas, compreendeu agora que o Deus dele é aquele que se descobre no infortúnio e que nunca está mais próximo de nós do que quando atingimos o fundo do poço. À medida que Israel via diminuir sua força temporal, sua estatura espiritual ia crescendo.

O povo viveu também um notável aprofundamento religioso e um dos períodos mais fecundos de sua história. Época de meditação, de purificação, de aprofundamento. Perdido o referencial do templo, as Escrituras sagradas passaram a ocupar o centro da comunidade. Os escritos proféticos circulam entre os grupos dispersos. O povo procura os motivos que explicam a ruína, mas também percebe os albores de um renascer.

O exílio é um tempo decisivo na **formação** do povo escolhido. Provoca um exame de consciência. As inúmeras infidelidades à aliança do Sinai fizeram de Israel uma nação que procura seu próprio caminho e uma solução para seus problemas. Doravante, Deus vai servir-se do grande meio que é o **sofrimento**. O povo perdeu sua independência, salvo durante um curto período. Perseguiu fins políticos contrários a sua vocação e foi riscado do mapa político. Só assim pôde conscientizar-se melhor do depósito religioso que lhe foi confiado. O exílio foi um meio de discernimento. Mas formou-se aos poucos uma elite religiosa chamada "resto" ou "germe" (Esd 1,4; Zc 6,12), formada por aqueles que foram os construtores da restauração, o início da comunidade messiânica.

Foi por meio do sofrimento expiatório que Israel se reencontrou. Se esses acontecimentos catastróficos não tivessem ocorrido, é mais provável que o caráter único daquele povo ficaria perdido. Aplicando essa mensagem a nossa era cristã, o papa São João Paulo II escreveu na Carta Apostólica *Salvifici Doloris* de 1984: "**Cristo, mediante seu próprio sofrimento salvífico, encontra-se bem dentro de cada sofrimento humano**, e pode assim atuar a partir do interior do mesmo, pelo poder de seu Espírito de Verdade, de seu Espírito Consolador".

No dizer do papa Francisco, compete à Igreja de hoje fazer o papel de hospital de campanha para curar as feridas da humanidade. **A Igreja é mãe que acolhe o povo com ternura. Um povo machucado, um povo triste, não pode ser tratado com** ameaças. Sejamos ministros da misericórdia, porque representamos um Deus que é misericórdia. Onde houver desespero, levemos esperança.

PARA REFLETIR

Como vencer as crises de fé em tempos de sofrimento?
Como uma adversidade pode ser ocasião de crescimento?
Como Você pode ajudar uma pessoa que sofre?

8

VIDA NOVA NA PÁTRIA

O Decreto de Ciro

Ciro, rei dos persas, conquistou Babilônia e deu liberdade a todos os cativos que lá estavam. A Bíblia conserva, em seu teor original, as palavras desse documento em dois de seus livros: no final do segundo livro das Crônicas e no começo do Livro de Esdras. "Assim fala Ciro, rei da Pérsia: Javé, o Deus do céu, entregou-me todos os reinos da terra; ele me encarregou de construir para ele um Templo em Jerusalém, na terra de Judá. Todo aquele que, dentre vós, pertence a todo o seu povo, que seu Deus esteja com ele e que se dirija para lá!"

Era o ano 538 e assim se cumpriam os anúncios dos profetas: "Em Babilônia estareis por muitos anos; depois disso, porém, vos farei sair de lá" (Br 6,2). "Eu vos reporei em vossa terra e sabereis que eu, Javé, falei e hei de fazer" (Ez 37,14). Ao ser publicado o Decreto de Ciro autorizando o retorno à pátria, o entusiasmo tomou conta dos exilados. O Salmista registrou esse momento de alegria, ao exclamar: "Quando o Senhor trouxe de volta **os cativos de Sião, parecíamos sonhar. Encheu-se de sorriso nossa boca, nossos lábios de canções.**

Maravilhas fez por nós o Senhor" (Sl 125/126,1.3). E proclama uma lei da história: "Quem semeia entre lágrimas, colherá com alegria" (v.6). Basta de chorar, chegou a hora da alegria!

Diante das religiões e dos costumes de cada etnia, os persas foram muito compreensivos, demonstrando não só aceitação, mas até certo apoio. Ciro mandou devolver os objetos sagrados do Templo de Jerusalém que tinham sido roubados por Nabucodonosor.

O retorno

Vinha à mente dos repatriados o recado de Isaías 35, em que o profeta anunciava o retorno à pátria como um novo êxodo. Um deserto florido deixará passar o povo purificado, estabelecido em uma paz paradisíaca em Sião. Em Is 43,18ss o profeta sugeria que esse segundo êxodo seria mais grandioso que o primeiro: "Não recordeis as coisas passadas. Eis que faço uma coisa nova: porei no deserto um caminho e rios em lugares ermos ... para dar de beber a meu povo". Retornando à terra, todos poderão novamente ver a glória de Javé, ou seja, como o Deus da vida conduz seu povo para a vida e nisso é glorificado.

Mas a realidade será, sem dúvida, menos poética. O retorno aconteceu em várias etapas, portanto em épocas diferentes, conforme as caravanas iam sendo formadas sob a chefia de um líder conceituado. Muitos judeus estavam bem instalados em Babilônia e nunca tinham visto Jerusalém, por isso não quiseram ir para lá. Outros resolveram adiar o retorno. Um pequeno Resto, formado sobretudo pela classe sacerdotal, voltará para Jerusalém e será o Germe da comunidade messiânica. Se aquela pequena comunidade de repatriados se tivesse deixado absorver na massa pagã, a humanidade perderia para sempre o tesouro de beleza, de vida espiritual e de sabedoria, que é a Bíblia.

O Israel pós-exílico não será mais uma potência no campo político, perdeu a independência. Com exceção de algumas décadas em que o poder esteve nas mãos dos sucessores dos Macabeus, o povo ficará sob a tutela de um dominador estrangeiro: os persas primeiro, depois os gregos e, enfim, os romanos. Sua grandeza estará em outro nível, o espiritual.

Uma comunidade enfraquecida

O anúncio alegre e esperançoso de Is 35 vem acompanhado de três imperativos para os repatriados. É um apelo a fortalecer as mãos enfraquecidas, firmar os joelhos debilitados e dizer às pessoas deprimidas: 'Criai ânimo!' (v. 3s). A razão é que, tendo passado por tantas provações, a comunidade via crescer o número daqueles que desanimavam e desistiam, necessitando de palavras de ânimo para tomar decisões a fim de compreender e viver a salvação que se aproximava. Era triste ver a cidade destruída e os muros que continuavam em ruínas quase cem anos depois do retorno a Jerusalém.

Em muitos faltava motivação para a luta, não tinham otimismo para acreditar no futuro. Ora, ninguém pode empreender uma luta, se vai enfrentá-la de antemão desconfiando da vitória. Quem começa sem confiança, já perdeu a batalha e exclui a possibilidade de êxito.

Por outro lado, não faltavam os que se sentiam impulsionados pela força de Deus e tinham certeza do auxílio divino que nunca faltou. A salvação de Deus, portanto, operava por meio de intermediários: os mais fortes ajudando os fracos a se levantar e caminhar.

Divisão entre o povo

Quando os repatriados chegaram às terras de Judá, lá encontraram outros dois tipos de gente: judeus que não tinham deixado a pátria e estrangeiros que se instalaram nas áreas desocupadas.

Entre os vários grupos havia uma grande diversidade de experiências, mentalidades diferentes e realidades que precisavam ser integradas. Uma faixa da população, que foi muito discriminada, era constituída dos samaritanos e a história explica o porquê do isolamento. "Samaritano" vem de Samaria, que foi a cidade edificada para ser a capital do Reino do Norte, aquele que se separou do reino governado pela dinastia de Davi. Esse Reino do Norte existiu desde 930 até 722, quando foi eliminado pelos assírios, que expulsaram a população e repovoaram as terras com cinco etnias pagãs (2Rs 17,24). Com essa política pretendiam evitar qualquer revolta nacionalista. Acontece que elas trouxeram seus deuses e suas tradições. Por isso os judeus mais fiéis consideravam aquela gente como povo impuro. Até no tempo de Jesus perdurava o desentendimento entre judeus e samaritanos que se estendeu pelos séculos (Jo 4,9).

Outra anomalia era a enorme desigualdade entre ricos e pobres, que provocou o absurdo da prática da escravidão entre irmãos por causa de dívidas. Os pobres queixavam-se com Neemias: "Temos de entregar nossos filhos e nossas filhas; e há entre nossas filhas algumas que já são escravas! Nossos campos e nossas vinhas já pertencem a outros" (Ne 5,5). Neemias ordenou aos usurpadores que devolvessem as terras roubadas dos pobres e perdoassem as dívidas acumuladas (Ne 5,7-13).

Renascer das cinzas

Nos primeiros anos do retorno, elevou-se a voz profética de Ageu motivando o povo a reerguer uma Casa para seu Deus. Mas cada qual pensava em resolver primeiro seu problema habitacional, construindo sua moradia. Ageu interroga: "É para vós tempo de habitar em casas revestidas, enquanto esta Casa está em ruínas?" (Ag 1,4). Quando puseram mãos à obra, os samaritanos se ofereceram para ajudar na construção e o auxílio foi rejeitado. Isso machucou profundamente a comunidade deles, que começou a criar impedimento aos trabalhos dos repatriados (Esd 4,1-5). O livro de Esdras registrou a oposição dos samaritanos à reconstrução no tempo de Artaxerxes. O rei, ao receber a carta de reclamação, mandou suspender as obras (Esd 4,7-23).

No reinado de Dario elas recomeçaram sob a chefia de Zorobabel e Josué. Em quatro anos e meio foi terminado o segundo Templo, ao passo que o de Salomão fora feito em sete anos. Com um detalhe, porém: o novo santuário, comparado com o antigo, era quase irrisório. Os velhos, que tinham conhecido a maravilha da obra salomônica, choravam de desilusão; "mas muitos gritavam de alegria e júbilo" (Esd 3,12). Como naquele provérbio: "O que dá pra rir, dá pra chorar".

A epopeia da reconstrução dos muros de Jerusalém por iniciativa de Neemias é um outro capítulo importante dessa história. Esse homem era copeiro da corte de Artaxerxes e obteve do rei permissão para ir à Cidade Santa a fim de comandar pessoalmente as obras. Novamente acontece o drama da oposição de grupos que tentam impedir as obras até com violência. A solução de Neemias foi armar os trabalhadores: "Com uma das mãos cada qual fazia seu trabalho, e com a outra segurava uma arma" (Ne 4,11).

Fazendo cada família a parte que lhe foi designada, no final de cinquenta e dois dias as muralhas estavam restauradas (Ne 6,15). Isto mesmo: "cinquenta e dois dias"! E o Salmista cantava agradecido: "O Senhor reconstruiu Jerusalém, e os dispersos de

Israel juntou de novo, Ele conforta os corações atribulados, Ele enfaixa suas feridas e as cura" (Sl 146/147, 2s).

A centralidade do Livro

Aparece na história bíblica a figura de Esdras, que é "sacerdote e escriba, versado nos mandamentos do Senhor e em suas leis referentes a Israel (Esd 7,11). Durante uma grandiosa festa de sete dias, **Esdras fez diante de todo o povo reunido a leitura solene da Lei de Moisés. "Todo o povo chorava ao ouvir as palavras da Lei**" (Ne 8,9). Qual o motivo de tanta tristeza na comunidade? Talvez o reconhecimento de que não seguiam a Lei como deveriam. Mas aquele era um momento de festa: hora de sorrir e cantar, porque "a alegria do Senhor é vossa força" (Ne 8,10). Em um grande gesto de solidariedade, o povo partilhou o banquete do dia: "Mandai porções a quem nada preparou" (v. 10). A partilha dos bens ajudando a construir a nova sociedade.

Durante o período persa (538-333) o profetismo foi aos poucos desaparecendo em Israel. As grandes vozes cessavam de ecoar, mas houve um imenso trabalho de reunir seus oráculos, recolher sua herança e integrar sua mensagem em uma forma definitiva, cuja autoridade viria a impor-se a todos. Foi a partir de Esdras que os textos recolhidos tomaram a forma sob a qual os lemos no Livro Sagrado. Também nessa época o Pentateuco chega a sua redação definitiva e se converte no documento-base do judaísmo e da identidade da fé judaica.

É em torno do Livro que a comunidade pós-exílica será organizada. Por um milagre da Providência, Israel conseguiu recolher e salvar o que havia de mais sagrado em suas tradições orais e escritas. O Templo, o sumo sacerdócio, o culto e a Lei vão dando as feições da religião que vigorou até Jesus. Firme assim em suas bases, a fé judaica estava preparada para manter-se inabalável diante das ameaças de um inimigo poderoso que ia surgir: o helenismo pagão.

Acolher todos os povos

Neemias reerguera as muralhas de pedra; Esdras estabeleceu em volta de Israel, para o conservar intato, a "sebe da Lei", ao abrigo da qual aumentaria o exclusivismo judaico. Em uma de suas ordens, proibiu o casamento com mulheres estrangeiras, determinou a separação de quem estivesse casado com elas e a expulsão delas da comunidade (Esd 10,11).

Com isso fortaleceu a identidade do povo, mas também o isolou e segregou dos povos vizinhos. São interpretados como um contraponto a esse rigorismo excludente o livro de Rute e o de Jonas, que surgiram nesse tempo: Rute, enaltecendo a virtude daquela moabita que adotou a fé judaica e veio a ser a bisavó de Davi, entrando assim na genealogia de Jesus (Mt 1,5); Jonas, mostrando que Deus não discrimina os estrangeiros, tanto assim que enviou aos ninivitas um profeta (Jn 3,2).

Lendo os últimos capítulos de Isaías, redigidos também no período persa, encontramos novas posturas em relação aos estrangeiros. A Sião Deus promete que "as nações verão tua justiça, e todos os reis, tua glória" (62,2); "as nações caminharão na tua luz, e os reis, ao esplendor de tua aurora" (60,3). Irradiando a glória do Senhor, Jerusalém vai tornar-se o verdadeiro centro do mundo e um polo de atração para todos os que buscam a Deus. O profeta Zacarias descreve uma cena que exprime essa procura: "Virão povos e habitantes de numerosas cidades ... e dirão: Vamos logo suplicar a Javé e buscar Javé dos exércitos; eu também vou. Naqueles dias, dez homens de todas as línguas das nações agarrarão um judeu pelas vestes, dizendo: "Queremos ir contigo, porque ouvimos dizer que Javé está convosco!" (8,20s.23).

Isso nos faz lembrar o que disse o papa Bento XVI no ano 2007 em Aparecida: "Deus é amor" é o essencial na mensagem cristã. **A Igreja não faz proselitismo. Ela cresce muito mais por 'atração': como Cristo 'atrai todos a si' com a força de seu amor**, que culminou no sacrifício da cruz".

Diante de Deus fiel para amar, poderoso para salvar, infalível para julgar, toda a humanidade é convidada a acolhê-lo; para aqueles que o acolhem, haverá motivos de alegria, e para aqueles que o rejeitam, haverá desgraça. Não haverá separação entre judeus e bárbaros, mas sim entre justos e injustos, seja qual for sua origem. Pelos Profetas, Deus faz o povo descobrir o caminho para acolher os estrangeiros e ultrapassar as perspectivas nacionalistas. Falando na casa do centurião Cornélio, São Pedro vai enunciar assim os critérios divinos: "Deus não faz discriminação de pessoas, mas em qualquer nação que seja, quem O teme e pratica a justiça, é aceito por Ele" (At 10,34).

PARA REFLETIR

Quais motivos levam certos cristãos a desistir de participar?
Por que Você se mantém atuante?
Como podemos animar pessoas deprimidas?

9

MORRER PELA FÉ: OS MACABEUS

A ameaça do helenismo

O período persa termina no ano 333, quando começa a brilhar nos céus da história um astro de primeira grandeza chamado Alexandre Magno. Foi o maior conquistador que o mundo já conheceu. Altissonante, diz a Bíblia que por suas campanhas militares e suas vitórias "a terra se calou diante dele" (1Mc 1,3). Plutarco relata que Alexandre, sabendo-se enviado dos deuses para ser o árbitro de todos, queria reconciliar os homens, para que todos considerassem o mundo inteiro como uma pátria única. Uma espécie de globalização *avant la lettre*. Essa unidade ele conseguiu, ao menos quanto à língua, pois o grego passou a ser falado do Indo a Marselha em seu império helenístico. Desde então, a Palestina esteve sob o domínio dos gregos, primeiro dos Ptolomeus do Egito e, em seguida, dos Selêucidas da Síria.

Chamou-se "helenismo" o modo de viver e de pensar próprio da cultura grega; "helen" significa "grego". Era algo novo, divulgado com imensa propaganda, cultura atraente e fascinante, por meio de sua língua universalizada, seus grandes filósofos, suas ciências e suas divindades. Surgiam cidades monumentais, como Alexandria no Egito, dotadas de ginásios de esporte, termas e circos famosos. Isso encantava principalmente a juventude, levando-a a comparar toda aquela novidade com sua própria cultura, pouco conhecida e aceita entre os povos. Houve como consequência o esfriamento e, até mesmo, o abandono da fé dos pais, considerada muito austera e antiquada.

A helenização imposta pelos governantes chegou a ser estimulada por um sumo sacerdote chamado Jasão (2Mc 4,13). Entre o projeto de vida do mundo helenístico e o da comunidade de Israel havia total oposição. Palavras como "liberdade" e "sabedoria" significavam coisas distintas em um ambiente e no outro. Atenas e Jerusalém encarnaram claramente duas atitudes antagônicas do espírito: a que busca só na inteligência a explicação do mundo, da vida e do homem, e a que se baseia apenas na fé.

A perseguição

Na Bíblia católica temos dois livros a respeito desse período, que vai do ano 175 a 134 a.C.: os livros dos Macabeus. Resumindo seu conteúdo, os comentadores costumam classificar o primeiro como um livro de heróis, e o segundo como um livro de mártires. Antes de narrar os acontecimentos dolorosos de seu tempo, o autor bíblico faz uma oportuna advertência: "Recomendo àqueles que terão em mãos este livro que não se deixem abater por causa dessas calamidades; pensem, antes, que esses castigos não sucederam para a ruína, mas para a correção de nossa gente. **O Senhor nunca retira de nós sua misericórdia e, mesmo quando corrige seu povo com a adversidade, jamais o abandona**" (2Mc 6,12.16).

A crise do tempo dos Macabeus revelou-se mais grave que a do exílio: pela primeira vez Israel é ameaçado como família espiritual; é a provação da esperança. No tempo do rei selêucida Antíoco IV, os decretos antirreligiosos se sucedem em Jerusalém. O Templo é profanado, os judeus são obrigados a tomar parte nas festas públicas em honra dos deuses gregos. Não podem seguir a lei de Moisés, a não ser em segredo e arriscando a vida. Pela primeira vez na história, os fiéis vão testemunhar sua fé até nos suplícios; os primeiros heróis da resistência religiosa são os mártires. Os costumes pagãos são introduzidos a força na Judeia: "Quem não agisse conforme a ordem do rei devia ser morto" (1Mc 1,50).

Em sua obra "Antiguidades Judaicas" o historiador Flávio Josefo enumera as maldades praticadas por este governante: "A maior parte do povo obedeceu-lhe, voluntariamente ou por medo; mas essas ameaças não puderam impedir aos que tinham virtude e generosidade de observar as leis dos pais. O cruel príncipe fazia a estes morrer por vários tormentos (...) Mandava queimar todos os livros das Sagradas Escrituras e não perdoava a um só daqueles em cujas casas os encontrava".

Logo no início da perseguição, cerca de mil judeus fiéis que tinham fugido para um esconderijo no deserto foram massacrados em dia de sábado. Para não violar o preceito da Lei, "não revidaram, não atiraram uma só pedra; apenas disseram: 'Morramos todos em nossa inocência; o céu e a terra são testemunhas de que nos matais injustamente'" (1Mc 2,36s). Foi essa carnificina que levou a comunidade judaica a partir para a luta armada.

A primeira guerra religiosa

Aconteceu então uma revolta entre os fiéis do Judaísmo. Ela foi iniciada pelo sacerdote Matatias, que, deixando Jerusalém, foi para a cidade de Modin com seus cinco filhos: Judas, Jônatas, Simão, Eleazar e João. Com o brado "quem tem zelo pela Lei e quer defender a Aliança, venha comigo!" (1Mc 2,27), Matatias improvisou um exército para resistir às agressões. Certos, porém, de que sem o auxílio divino seria loucura empreender a guerra, fizeram em Masfa um dia de jejum, penitência e oração, rezando a Deus: "Como poderemos resistir diante deles se não vieres Tu em nossa ajuda?" (1Mc 53). No dia seguinte, aconteceu a batalha de Emaús, onde venceram o exército de Górgias, que perdeu então três mil homens (1Mc 4,15).

Essa mesma vitória é narrada no segundo livro dos Macabeus, que não é continuação do primeiro, mas é obra de outro autor, que procura comover o leitor comunicando seus próprios sentimentos e também relatando detalhes misteriosos, como visões e aparições celestes, antes dos combates decisivos, por exemplo em 5,2 e 11,8. Esse autor nos conservou pormenores sobre duas cenas de martírios de fiéis judeus: o do ancião Eleazar (6,18-31) e o de uma mãe com seus sete filhos (7,1-41). Nesse último relato, emocionante e admirável pela coragem demonstrada, encontramos claramente afirmadas a criação do mundo por Deus a partir do nada e a ressurreição dos justos (7,14.28).

Essa revolta foi a primeira guerra religiosa e ideológica da história. Nunca antes uma nação tinha ousado morrer por seu Deus. A bandeira da libertação passa de Matatias ao filho Judas, apelidado o Macabeu – que significa "martelo" – depois a seu irmão Jônatas e, por fim, ao outro irmão, Simão. Os três, cada qual a seu tempo, assumiram as funções de chefes militares obtendo surpreendentes vitórias contra os exércitos do rei. Sobre Judas a Bíblia tece o seguinte panegírico: "Ele dilatou a glória de seu povo, revestiu-se com a couraça como um gigante, e cingiu-se com a armadura de guerra, travou muitas batalhas" (1Mc 3,3). **Judas Macabeu provou ser um chefe destemido e competente, havendo derrotado repetidas vezes exércitos imensamente mais numerosos e mais preparados militarmente.** Os cinco irmãos morrerão de morte violenta: dois no campo de batalha, os outros três por traição. Mas graças a esses líderes, a liberdade religiosa é recuperada, o Templo é restaurado e purificado, o país torna-se independente e o povo volta a gozar de paz e tranquilidade. Para ser comemorada anualmente essa purificação do Templo, foi instituída a festa da Dedicação (1Mc 4,59), citada nos Evangelhos (Jo 10,22), que ainda hoje se celebra com o nome de "Festival das Luzes".

Os livros dos Macabeus foram escritos por pessoas persuadidas de que a Providência conduz e sustenta a revolta do povo. É Deus que abençoa a audácia de Judas e seus irmãos; é Ele quem dá a vitória.

Serenou a tempestade

Pelo poder de Deus, os mártires vencerão a morte pela ressurreição, agora professada com plena certeza (2Mc 7,14). Jamais a fé judaica havia penetrado tanto o mistério da retribuição e do além. Essa ressurreição é ligada à oração pelos que tombaram por causa de sua fé. Se eles sofreram até o martírio, é porque estavam certos de ressuscitar um dia e de obter sua recompensa em outra vida.

Os livros dos Macabeus descrevem a luta de seus heróis como uma guerra santa. Interpretam as desgraças do povo como castigo de seus pecados, mas procuram levá-lo a confiar em Deus, pois Ele continua a amar, proteger e salvar seu povo eleito. **Os combatentes invocam a Deus antes das batalhas, certos de que mais vale**

a ajuda do Céu do que a força dos exércitos. Esses livros são um convite para encarnar a fé em ação política e revolucionária em prol da justiça.

A esperança na ressurreição, a partir desse momento histórico, tomou corpo e cresceu, alimentando a resistência dos que lutam por liberdade e vida. A prática de Jesus, sua morte e ressurreição irão confirmar e solidificar esta esperança: na luta pela vida, Deus tem a última palavra.

Jesus anunciou claramente a seus discípulos que seriam perseguidos: "Se a mim perseguiram, também vos perseguirão" (Jo 15,20). Mas declarou esse destino como uma bem-aventurança: "**Felizes sereis quando os homens vos odiarem, quando vos rejeitarem ... por causa do Filho do homem**" (Lc 6,22). E acrescenta que foi essa a sorte dos profetas. Já nos seus primeiros séculos, a Igreja sofreu tremendas perseguições por parte do Império Romano, a grande potência da época. No século IV dizia Santo Hilário de Poitiers: "A Igreja floresce quando é perseguida; triunfa quando é oprimida; progride quando é desprezada; fica de pé quando parece vencida". Daí que aos predicados da verdadeira Igreja é preciso acrescentar outro. Ela não é apenas "una, santa, católica e apostólica"; é também perseguida. Mas "os poderes do inferno jamais conseguirão dominá-la" (Mt 16,18). Essa convicção tem animado os mártires de ontem e os de nossos dias: "Se me matarem, ressuscitarei na memória de meu povo" – disse Santo Oscar Romero, Arcebispo de San Salvador, morto em 1980 e canonizado em 2018.

PARA REFLETIR

Que importância Você dá à oração para vencer em suas lutas? Qual é a força que anima a caminhada de nossas comunidades? Quais sacrifícios precisamos enfrentar para conservar-nos fiéis a Deus?

10

ELE ESTÁ NO MEIO DE NÓS

De novo, um profeta!

A Palestina foi governada pelas autoridades gregas desde 333 até o ano 63 a.C., quando passou a fazer parte do Império Romano. Em todo esse período os judeus sentiram a falta daqueles porta-vozes de Deus, os Profetas, que os orientavam com suas pregações e seus oráculos. Essa ausência é lastimada várias vezes nos textos bíblicos deste tempo, por exemplo o Sl 74,9: "Não vemos mais nossos sinais, já não há mais profetas, e entre nós ninguém sabe até quando". Mas Deus não deixou faltar a seu povo chefes religiosos, que nesse tempo eram os sacerdotes e os sábios. A própria Lei escrita foi identificada com a Sabedoria (Eclo 24,32) e a Lei era proclamada todo sábado nas sinagogas.

Por tudo isso, quando surgiu João Batista no deserto, tão parecido com o profeta Elias, o povo acorreu a ele de todas as partes para ouvi-lo. Mas quem é João? Seria ele o Cristo? São Lucas informa: "Como o povo estivesse na expectativa e perguntavam todos em seus corações se João não seria o Cristo..." (3,15). Ele negou. Mas poderia ser "o profeta", aquele que Deus anunciou a

Moisés: "Vou suscitar para eles um profeta como tu, do meio dos teus irmãos" (Dt 18,18). "Não sou – respondeu João; sou a voz do que clama no deserto: "Preparai o caminho do Senhor... E no meio de vós está... Aquele que vem depois de mim" (Jo 1,22s.26). Sim, **o Messias já tinha chegado e João foi o único profeta que o indicou ao mundo como o Cordeiro redentor que veio tirar seus pecados**. Batizou o próprio Autor do Batismo e viu descer sobre Ele o Espírito de Deus.

Encontramos o Messias!

"Quando chegou a plenitude dos tempos, enviou Deus seu Filho" (Gl 4,4), cumprindo as antigas promessas de mandar um Redentor. Plenitude dos tempos! Sim, era o tempo certo para chegar ao mundo o Salvador. A história estava madura, como uma árvore carregada de bons frutos, por obra dos patriarcas, dos profetas, dos sábios, dos salmistas, de toda a liturgia do Templo. Então, "Deus tanto amou o mundo que lhe deu seu Filho unigênito, para que não morra quem nele crê, mas tenha a vida eterna" (Jo 3,16). A Bíblia inteira fala de Cristo. Conforme um antigo adágio, o Novo Testamento está oculto no Antigo e o Antigo está patente no Novo.

Jesus viveu trinta anos na pequena Nazaré, desconhecido e anônimo. Após quarenta dias de deserto, viu chegada a hora de iniciar sua missão. E convidou companheiros, entre os quais Filipe, o qual, cheio de entusiasmo, descreve para seu amigo Natanael a magnífica descoberta que fez ao conhecer Jesus: "Encontramos aquele de quem escreveram Moisés, na Lei, e os profetas: Jesus, o filho de José, de Nazaré!" (Jo 1,45). São João Crisóstomo comenta assim essas palavras: "Vede como logo revela o que aprendera em pouco tempo! Demonstra assim o valor do Mestre que o persuadira, bem como a aplicação e o zelo daqueles que, desde o princípio, já estavam atentos. Esta expressão, com efeito, é de quem deseja intensamente sua vinda, espera aquele que deveria vir do céu, exulta de alegria quando ele se manifestou, e se apressa em comunicar aos outros a grande notícia".

Natanael, meio descrente, duvida que de Nazaré possa sair algo de bom. Mas Filipe o convence: "Vem e vê!" Com certeza foi um encontro extraordinário: bastaram as primeiras horas de convivência com Jesus para Filipe dar sobre Ele um testemunho tão perfeito. Modificou-se totalmente sua vida pela certeza de ter sido chamado a um serviço essencial. Cena que veremos repetir-se nos evangelhos, quando Jesus entra na vida das pessoas: "Senhor, dou a metade de meus bens aos pobres", disse Zaqueu (Lc 19,8). "Eu te seguirei para onde quer que vás" (Lc 9,57) – falou um desconhecido. "Senhor, lembra-te de mim quando vieres com teu reino" (Lc 23,42) – foi a senha do bom ladrão para entrar no paraíso.

As primeiras palavras

Cheio do Espírito Santo, recebido no Batismo, Jesus começa sua missão na Galileia, na periferia da Palestina. Não procura uma cátedra na Jerusalém da elite religiosa, mas vai em busca das ovelhas perdidas da Casa de Israel na "Galileia das nações", lá onde "o povo habitava nas trevas e haveria de ver uma grande luz" (cf. Is 9,1). Ele convida: "Convertei-vos, porque está próximo o Reino dos Céus!" (Mt 4,17). E proclama bem-aventurados os pobres, os humildes, os misericordiosos, os que promovem a paz. Em seu Reino os últimos são os primeiros, porque quem se exalta será humilhado e quem se humilha será exaltado (Lc 18,14). Vinde a mim todos os que estais cansados, eu vos darei descanso. Aprendei de mim que sou manso e humilde de coração.

A pregação de João Batista anunciava o Salvador com uma ênfase mais forte no juízo, dando a entender que tinha chegado aquele tremendo "dia do Senhor", quando, conforme o profeta Malaquias, "os soberbos e malfeitores serão como palha; o dia que vem os queimará" (3,19). Dizia o Precursor: "O machado já está encostado na raiz das árvores e toda árvore que não produzir bom fruto será cortada e lançada ao fogo" (Mt 3,10). Jesus, porém, convidava ao arrependimento anunciando o Reino próximo (Mt 4,3).

Os judeus esperavam o Messias como um novo Moisés, que renovaria, ampliando-os, os milagres do Êxodo. O próprio Jesus faz essa aproximação, quando fala do maná, da serpente de bronze e da Lei que Ele não veio revogar mas dar-lhe pleno cumprimento (Mt 5,17). O evangelho de Mateus, escrito para convertidos do Judaísmo, salienta esse paralelo.

Havia também a ideia de que o Messias seria um comandante poderoso para chefiar uma revolta contra os romanos e libertar o povo do domínio deles. Alguns historiadores pensam que Judas vivia nessa expectativa e teria tramado a traição desiludido com as atitudes pacíficas de Jesus.

"Nós esperávamos que fosse ele que haveria de libertar Israel" (Lc 24,21) –, disseram os discípulos de Emaús ao próprio Messias, sem saber que estavam falando com Ele.

Até na hora de subir ao céu na ascensão, Jesus ainda responde a uma pergunta de seus discípulos a esse respeito: "Senhor, é agora que vais restabelecer a realeza em Israel?" (At 1,6).

No dizer da samaritana, o Messias era esperado como um Mestre "que vai nos ensinar tudo" (Jo 4,25). Os essênios de Qumran esperavam dois Messias, um que seria rei e um outro que seria sacerdote promovendo o culto autêntico, superior ao de Jerusalém.

Quem é este homem?

Para o evangelho de Marcos, a resposta é: O Filho de Deus. Todo o seu evangelho procura demonstrar essa verdade, proclamada solenemente pelo centurião na hora suprema do Calvário: "Na verdade, este homem era filho de Deus!" (Mc 15,39).

Ele é um Mestre itinerante, que percorre as cidades e aldeias anunciando a Boa-Nova. Vão com Ele os doze discípulos que escolheu, germe da futura Igreja, novo Povo de Deus. A pregação de Jesus é acompanhada de milagres que atraíam multidões, porque Ele se compadece das misérias do povo. Seu poder e sua sabedoria despertam nas pessoas, a vontade de conhecê-lo: "Quem é este, a quem até os ventos e o mar obedecem?" (Mt 8,27). "Que sabedoria é esta que lhe foi dada?" (Mc 6,2). O próprio Jesus indagou o que se dizia de sua pessoa, e Pedro professou sua fé dizendo: "Tu és o Cristo, o Filho do Deus vivo" (Mt 16,16). "Tu tens palavras de vida eterna" (Jo 6,68).

Suas palavras e seus milagres comprovam que Ele não é deste mundo. "Jamais pessoa alguma falou como este homem!" (Jo 7,46), disseram os soldados enviados para prendê-lo. Haverá história mais emocionante que a do filho pródigo? "Nunca se ouviu dizer que alguém tenha aberto os olhos a um cego de nascença" (Jo 9,32) –, testemunhou o próprio cego depois do milagre recebido. E Jesus ia abrir-lhe também os olhos da fé no diálogo que se seguiu:

– Crês no Filho do homem?

– E quem é, Senhor, para que eu nele creia?

– Tu o estás vendo, é aquele que te fala.

– Creio, Senhor – e prostrou-se diante dele.

E o que dizer de um homem que restitui a vida a um morto sepultado há quatro dias? "Este homem está fazendo muitos sinais –, disseram os chefes dos sacerdotes. Se o deixarmos assim, todos crerão nele" (Jo 11,47s). Por isso tramaram sua morte.

Jesus se revela assim, em palavras e obras. Revela também a Pessoa do Pai que o enviou, o Deus misericordioso que ama a todos os seus filhos. A bondade de Jesus manifesta a do Pai. E conhecer o Pai e o Filho será a essência da vida eterna (Jo 17,3). Com este Pai Jesus está em contato permanente na oração e ensina seus seguidores a rezar a Ele uma oração de amor e confiança.

Revela ainda a Pessoa do Espírito Santo, que Ele enviará sobre os apóstolos depois que chegar ao céu, para que sejam confirmados em sua fé e na coragem de proclamá-la. "Recebereis a força do Espírito Santo e sereis minhas testemunhas" (At 1,8).

A voz do Pai também se fez ouvir, falando do Filho, em três ocasiões: no batismo, na transfiguração e no Domingo de Ramos: "Este é o meu Filho amado, em quem me comprazo" (Mt 3,17). "Este é o meu Filho muito amado. Escutai-o" (Mc 9,7). "Eu o glorifiquei e de novo o glorificarei" (Jo 12,28).

O próprio Jesus falou várias vezes sobre sua pessoa e o sentido de sua vinda ao mundo. Procure nos evangelhos as frases dele que começam com "Eu sou" ou "Eu vim para". Eu sou o caminho, a verdade e a vida. Eu sou a porta das ovelhas. Eu sou o bom pastor. Eu sou o pão vivo descido do céu. Eu sou o pão da vida. Eu sou a videira e vós os ramos. Eu sou a luz do mundo. Eu sou a ressurreição e a vida. Eu sou rei; para isto nasci e para isto vim ao mundo: para dar testemunho da verdade. Eu vim para que tenham vida e a tenham em abundância. Vim para salvar e não para condenar. Para servir e não para ser servido. Antes que Abraão existisse, Eu Sou.

O testemunho da história

No ano 112, o romano Plínio o Jovem, governador imperial na Bitínia, escreveu ao imperador Trajano que os primeiros cristãos "cantavam hinos a Cristo, como a um deus". Houve um apóstolo que efetivamente deu a Jesus esse título máximo: Tomé, que precisou ver para crer, exclamando diante dele: "Meu Senhor e meu Deus!" (Jo 20,28). Jesus mesmo não revelou a ninguém explicitamente sua divindade. Sua manifestação mais explícita foi à samaritana: "Sou eu (o Messias) que falo contigo" (Jo 4,25).

Falando do incêndio de Roma do ano 64, que o povo atribuía ao próprio imperador Nero, o historiador Tácito escreve no ano 116: "... para acabar com os rumores, [Nero] acusou falsamente as pessoas comumente chamadas de cristãs, que eram odiadas por suas atrocidades, e as puniu com as mais terríveis torturas. *Christus*, o que deu origem ao nome cristão, foi condenado à morte por Pôncio Pilatos, durante o reinado de Tibério".

Famoso é um texto chamado *Testimonium Flavianum*, da autoria do judeu Flávio Josefo (37-100) que consta em sua obra *Antiguidades Judaicas*. É ponto pacífico entre os críticos que o texto sofreu interferências de copistas cristãos. Se o texto todo fosse autêntico, Josefo estaria professando a fé no messianismo de Jesus. Mas sabemos por Orígenes que Josefo não a professou. O texto costuma ser publicado colocando entre parênteses e em itálico os acréscimos cristãos: "Havia neste tempo Jesus, um homem sábio (*se é lícito chamá-lo de homem, porque ele foi o autor de coisas admiráveis, um mestre tal que fazia os homens receberem a verdade com prazer*). Ele fez seguidores tanto entre os judeus como entre os gentios. (*Ele era o Cristo.*) E quando Pôncio Pilatos, seguindo a sugestão dos principais entre nós, condenou-o à cruz, os que o amaram no princípio não o esqueceram (*porque ele apareceu a eles vivo novamente no terceiro dia; como os divinos profetas tinham previsto estas e milhares de outras coisas maravilhosas a respeito dele*). E a tribo dos cristãos, assim chamados por causa dele, não está extinta até hoje".

A importância desses textos de antigos autores pagãos é confirmar quão absurdo é dizer que o Jesus histórico é um mito. Entenda quem puder, mas ainda hoje existem pessoas afirmando que Ele jamais existiu. Pelo contrário, Jesus é uma das figuras mais privilegiadas da antiguidade quanto a biografias; sobre Ele muito se escreveu desde seu tempo, bastaria citar os quatro evangelhos.

A mensagem de Jesus para o mundo

Quando São João escreveu em sua primeira carta que "Deus é Amor" (1Jo 4,8.16), atingiu o ponto mais alto na definição de Deus. Ele afirma que para conhecer a Deus é preciso amar: "Quem não ama não conhece a Deus, porque Deus é amor". Toda a nossa espiritualidade tem por fundamento uma exata noção de Deus, adquirida pela experiência de uma vida de oração confiante. Quantos cristãos foram formados em um clima de medo, de insegurança, de desconforto, por causa de uma falsa ideia de Deus! Deus é Amor, Deus é Pai, Deus é misericórdia.

Quando Jesus ensina que toda a lei divina consiste em amar a Deus e amar ao próximo, está colocando o amor como atitude central em todos os nossos relacionamentos. "O Pai vos ama porque vós me amastes" (Jo 16,27). "Como o Pai me amou, assim também eu vos amei. Permanecei no meu amor" (Jo 15,9). "Este é o meu mandamento: que vos ameis uns aos outros como eu vos amei" (Jo 15,12). Jesus mostra até que ponto extremo chegou seu amor por nós quando define: "Ninguém tem maior amor do que aquele que dá a vida por seus amigos" (Jo 15,13). Deus quer que reine entre seus filhos a paz e a união. Paz na terra aos homens por Ele amados. Que vivamos como irmãos, em uma perfeita fraternidade, é o que Ele espera de nós. "Um só é vosso mestre e vós todos sois irmãos" (Mt 23,8). Como é bonito ouvir São Lucas relatar que os primeiros seguidores de Jesus "eram um só coração e uma só alma" (At 4,32)!

Ao despedir-se dos apóstolos na ascensão ao céu, Ele prometeu que ficaria sempre conosco até o fim dos tempos. Santo Afonso comenta que essa promessa Ele cumpre no Santíssimo Sacramento da Eucaristia, permanecendo vivo conosco em nossos altares. Estas palavras "Eu estarei contigo, estarei convosco", tantas vezes repetidas na Bíblia, deram ânimo e infundiram coragem aos escolhidos de Deus de todos os tempos e lugares. Sejam também para nós no século XXI motivo de esperança e certeza de vitória.

PARA REFLETIR

O que na pessoa de Jesus mais atrai a gente de hoje?
Qual é a mensagem de Jesus mais urgente para nosso mundo?
Por que ainda hoje muita gente não acredita em Jesus?

11

O ESPÍRITO SANTO DIRIGE A IGREJA

A vinda do Espírito

São Marcos termina seu evangelho informando: "Os apóstolos partiram e pregaram por toda a parte. O Senhor cooperava com eles e confirmava a Palavra com os sinais que a acompanhavam" (16,20). Exatamente essa fase será o tema do livro escrito por São Lucas, chamado de "Atos dos Apóstolos": como viveu em seus primeiros anos a Igreja fundada por Jesus Cristo e propagada pelos seus doze escolhidos.

A história começa quando Jesus, antes de subir para o céu à vista deles, deixou-lhes a ordem de pregar o Evangelho a toda criatura (Mc 16,15) e fazer discípulos dele todos os povos. Pediu que ficassem em Jerusalém até receberem o Espírito Santo, que haveria de confirmá-los na fé e no amor. Esse dom aconteceu na festa de Pentecostes, e transformou os Doze em homens cheios de coragem e de sabedoria. A multidão reunida para a festa ficou maravilhada ao ouvir aqueles homens falando em suas próprias línguas a mensagem de Jesus "que Deus estabeleceu como Senhor e Messias" depois de ter sido crucificado por sentença dos governantes. Essa pregação inaugural convenceu três mil ouvintes a aceitarem a fé dos apóstolos, recebendo o batismo (At 2,41).

A evangelização

No Livro dos Atos, acompanhamos a propagação da Igreja pelas cidades do Império Romano por meio da obra de dois apóstolos principalmente: Pedro na primeira parte do livro e Paulo na segunda. Claro que gostaríamos de ter notícia sobre a missão dos outros companheiros, que se dispersaram pelos vários pontos da terra, mas os relatos, se os houve, não chegaram até nós. Fato é que o crescimento numérico dos seguidores de Cristo vai sendo continuamente mencionado: "Mais e mais aderiam ao Senhor, pela fé, multidões de homens e de mulheres" (5,14). "O número dos discípulos multiplicava-se enormemente em Jerusalém" (6,7).

Era evidente a força da Palavra no testemunho dos Apóstolos. E para eles toda ocasião era propícia para anunciar Jesus Cristo aos auditórios mais variados: no templo, diante do Sinédrio, na frente dos anciãos e escribas, na estrada de Jerusalém a Gaza, na casa do centurião Cornélio, na sinagoga de Antioquia, no Areópago de Atenas, diante do governador Félix, perante o rei Agripa: todos esses discursos, muito bem adequados aos diversos tipos de ouvintes, estão resumidos na obra de São Lucas. Dois fatos chamavam a atenção: primeiro, porque eram "pessoas sem instrução nem cultura" (At 4,13) falando com sabedoria e intrepidez; segundo, porque "pelas mãos dos apóstolos faziam-se numerosos sinais e prodígios no meio do povo" (At 5,12), desde a cura de um aleijado até a ressurreição de mortos. Com efeito, Jesus tinha anunciado aos Doze na Última Ceia: "Quem crê em mim fará as obras que faço e fará até maiores do que elas, porque vou para o Pai" (Jo 14,12).

Outro detalhe importante na vida das primeiras comunidades era a alegria que reinava entre todos: "Ouvindo isto, os pagãos ficaram alegres e puseram-se a glorificar a palavra do Senhor. Quanto aos discípulos, estavam cheios de alegria e do Espírito Santo" (13,48.52). Isso é extraordinário e fruto exclusivo da graça divina, pois a pregação do Evangelho acontecia em meio a perseguições, ameaças, prisões e açoites. A resposta dos apóstolos era firme: "Deve-se obedecer antes a Deus que aos homens" (5,29). Nesse mesmo contexto se narra que os apóstolos foram açoitados com varas, mas "saíram do Sinédrio alegres por terem sido considerados dignos de sofrer injúrias pelo Nome" (5,41).

Das ameaças era fácil a passagem aos atos e assim ficamos sabendo do heroísmo do primeiro mártir, Santo Estêvão, que, em sua discussão com os judeus, estes "não podiam resistir à sabedoria e ao Espírito com que falava" (At 6, 10). Foi apedrejado como blasfemo, enquanto dava sua vida exatamente como o Mestre, perdoando seus algozes e entregando nas mãos de Deus seu espírito (At 7,59s). Um dos Doze também foi morto em Jerusalém: Tiago, irmão de João. "E, vendo que isto agradava aos judeus, Herodes mandou prender também Pedro" (At 12,3), o qual foi milagrosamente libertado da prisão graças à oração que a Igreja fazia em favor dele (At 12,5).

Os Apóstolos

Na Carta aos Gálatas, Paulo informa a divisão do trabalho missionário feita de comum acordo entre os Apóstolos: ele e Barnabé pregariam aos gentios, ao passo que Pedro, Tiago e João pregariam aos judeus (Gl 2,9). Na realidade, essa divisão não foi rigorosamente observada. Em toda cidade aonde chegava, Paulo costumava buscar primeiro a comunidade judaica, visitando a sinagoga em dia de sábado, onde teria oportunidade de lhe falar. No caso de sua pregação não ser aceita pelos judeus, ele voltava-se para os pagãos (At 13,46). Quanto a Pedro, foi descobrindo que a mensagem de Jesus era para todos sem restrição alguma, pois "Deus não faz discriminação de pessoas, mas em qualquer nação que seja, quem o teme e pratica a justiça, é aceito por Ele (At 10,34s). O fato que o convenceu disso foi que o Espírito foi derramado sobre gentios na casa do centurião Cornélio, antes mesmo de terem recebido o batismo (10,45).

No capítulo 15 o livro dos Atos nos fala de um momento importantíssimo na obra da evangelização da Igreja primitiva. Trata-se do Concílio de Jerusalém, convocado para se chegar a uma decisão sobre a maneira de admitir os pagãos ao Cristianismo: a lei mosaica continuava obrigatória ou não? Paulo e Barnabé contaram as experiências que tiveram em sua primeira viagem missionária. Paulo já está convencido de que a justificação se dá pela fé em Cristo e não pelas obras da lei mosaica (Rm 3,28). A conclusão a que chegaram os Apóstolos confirmou a convicção de Paulo, sem, no entanto, abolir certas normas da lei.

Após esse evento em Jerusalém, Pedro desaparece, mas seu ministério em Roma, cidade onde morreu, é fora de qualquer dúvida. Sobre Paulo temos notícias de outras duas viagens missionárias, nas quais fundou comunidades em territórios hoje pertencentes à Turquia, Grécia e Macedônia. Sempre se fazia acompanhar de alguns colaboradores, que o sucederam na direção das igrejas: Timóteo, Silvano, Tito, Epafras, Sóstenes. Como centros da missão, ele escolhia cidades que pudessem tornar-se polos de irradiação da mensagem: Corinto, Éfeso, Filipos, Tessalônica. Assim tinha feito Jesus, ao deixar Nazaré e fixar-se na movimentada Cafarnaum, que se tornou a "sua" cidade (Mt 4,13; 9,1).

Outros Personagens

Através das páginas dessa obra de São Lucas, o leitor fica conhecendo atores de diversos episódios acontecidos com os apóstolos, como São Matias, sorteado para ocupar o lugar do traidor Judas; o simpático mestre Gamaliel, que além de ter sido instrutor de Saulo, o futuro Paulo, aconselhou ao Sinédrio que não perseguisse os apóstolos, porque se a obra deles fosse humana, acabaria por si mesma, mas se fosse de Deus, não conseguiria destruí-la e estaria "movendo guerra a Deus" (At 5,39). Aparece também na história o oportunista Simão, que pretendia comprar dos apóstolos o poder de comunicar o Espírito pela imposição das mãos (8,19).

Encontramos em Damasco o medroso Ananias, que relutou quando Deus lhe anunciou que devia acolher Saulo, o perseguidor, recém-convertido (9,13). Tabita é outra pessoa querida, "notável pelas boas obras e esmolas que dava" (9,36), para a qual foi pedido a Pedro nada menos que o milagre da ressurreição. E Pedro obteve o milagre, assim como Paulo vai ressuscitar em Trôade o jovem Êutico, caído da janela do terceiro andar (20,9.12). Encontramos também aquele casal, Priscila e Áquila, bem instruídos na fé cristã, a ponto de poderem "expor ao pregador Apolo com mais exatidão o Caminho" (18,26). Lemos também histórias emocionantes, como a do batismo do carcereiro de Filipos, que percebeu nos prisioneiros Paulo e Silas algo de sobre-humano e lhes perguntou "Que preciso fazer para ser salvo?" (At 16,30)

Na força do Espírito

Mas **o Livro dos Atos nunca deixa de mostrar, por detrás da ação apostólica da Igreja, a força e a inspiração do Espírito Santo. Ele é mencionado mais de 50 vezes** e por causa dessa presença constante do Espírito Santo em todas as páginas dos Atos, esse livro pode ser denominado "o Evangelho do Espírito Santo", ou melhor, "Atos do Cristo Ressuscitado, realizados por obra do Espírito Santo através dos apóstolos". Ele veio em Pentecostes, mas veio também em outras ocasiões sobre diferentes grupos (10,44; 19,6); e, como resultado, os agentes da evangelização são pessoas cheias do carisma, que agem com a força dos sinais e prodígios, e falam com sabedoria e audácia. Ele é anunciado como "a promessa do Pai" (1,4) e chamado de "Espírito de Jesus" (16,7). Seu modo de agir é próprio de uma Pessoa Divina, pois Ele fala pelos profetas (1,16; 21,11), comunica-se com Filipe e com Pedro (8,29; 10,19), dá testemunho com os apóstolos (5,32), manifesta-se em assembleia enviando Paulo e Barnabé em missão (13,2.4), orienta o itinerário dos pregadores (16,6-7), estabelece em seu ofício os ministros da Igreja (20,28) e ilumina suas decisões (15,28).

Papel importante do Espírito Santo na vida da Igreja primitiva foi também a construção da unidade: "A multidão dos que abraçaram a fé tinha um só coração e uma só alma" (4,32). "Unidos de coração, frequentavam todos os dias o templo" (2,46). Isto é admirável, pois a população da Palestina era formada por vários grupos bem distintos. Já no dia de Pentecostes, entre os convertidos há prosélitos, que eram pagãos simpatizantes do judaísmo (2,11). Depois entram helenistas, que criaram o primeiro problema prático na comunidade, a distribuição de alimentos, solucionado pela instituição dos Sete (At 6.1-6). A seguir, o Evangelho é anunciado aos samaritanos, povo antipático aos judeus por questão de raça e de religião, e "as multidões atendiam unânimes à pregação de Filipe, ouvindo e vendo os sinais que fazia" (8,6). Em Éfeso, um grupo de doze seguidores de João Batista acolheu a pregação de

Paulo e foi batizado "no nome do Senhor Jesus; e quando Paulo lhes impôs as mãos, o Espírito Santo veio sobre eles" (19,5-6). Os preconceitos e as proibições legais que separavam os judeus dos pagãos foram caindo aos poucos, pela convicção de que não se pode chamar de "impuro" o que Deus purificou (10,15). Assim tornou-se normal para os judeus entrar em casa de pagãos e sentar-se à mesa com eles. Por obra do Espírito de amor, de união e de paz, "todos os que creram estavam juntos e tinham tudo em comum" (2,44).

Uma Igreja viva

Os Atos dos Apóstolos são o único documento escrito sobre essa fase capital da história do Cristianismo. Seu interesse está em nos mostrar a vida da Igreja em suas primeiras manifestações: como a comunidade cristã tomou consciência de si, organizou os variados serviços, viveu a partilha dos bens, era assídua ao ensinamento dos Apóstolos, à comunhão fraterna, à fração do pão e às orações (At 2,42); que tipo de evangelização ofereceu a judeus e gregos; e como o Senhor abençoava seus trabalhos, expandindo o grupo.

Cenas de batismo são narradas em diversos momentos do relato de São Lucas: "Quando creram em Filipe, que lhes anunciava a Boa-Nova do Reino de Deus e do nome de Jesus Cristo, fizeram-se batizar, homens e mulheres" (8,12). "O carcereiro ... logo recebeu o batismo com todos os seus" (16,33). "É possível que quando 'casas' inteiras receberam o batismo (At 16,15.33) também se tenham batizado as crianças. A prática de batizar as crianças é uma tradição atestada desde o século II na Igreja" (CIC 1252).

É mencionada também a celebração da Eucaristia, expressa com os termos "fração do pão". Nela se fazia memória da vida de Cristo, a pregação da Palavra, preces, uma refeição e a partilha dos bens. Desse ritual nasceu nossa Missa. Em 20,7 conta-se que no primeiro dia da semana a comunidade de Trôade reuniu-se para partir o pão. Esse primeiro dia é nosso domingo, dia da ressurreição de Cristo, que já havia substituído o sábado como dia santo semanal. **A igreja dos Atos é o cumprimento da promessa feita pelo próprio Jesus de que não os deixaria órfãos, mas estaria sempre com os seus até o fim do mundo** (Jo 14,18; Mt 28,20).

PARA REFLETIR

Que sentimentos desperta em Você essa história dos inícios da Igreja?
O que Você faz por esta Igreja, pela qual tanto lutaram esses homens de Deus?
Como despertar nos cristãos o amor pela Igreja?

12

O PARAÍSO NO FINAL DA BÍBLIA

O Livro da Esperança Cristã

Só na glória celeste é que a Igreja alcançará sua plenitude. Até lá avança em sua peregrinação por entre as perseguições do mundo e as consolações de Deus –, como escreveu Santo Agostinho (CIC 769). É dessa caminhada de lutas e vitórias que trata o último livro da Bíblia. "Apocalipse" quer dizer revelação, mas uma revelação de tipo confidencial, porque dirigida a iniciados, pretendendo revelar-lhes o sentido oculto dos acontecimentos, segredo que só o Céu conhece. Existem na própria Bíblia e também fora dela diversos textos de caráter apocalíptico, escritos em tempos de perseguição e de crise de fé, para sustentar a esperança dos perseguidos e reanimar a coragem dos desanimados, anunciando o triunfo final de Deus, não obstante as vitórias aparentes dos maus.

O Apocalipse de São João foi escrito no final do século I, durante a perseguição de Domiciano aos cristãos do Império Romano. Ele trata da época do Autor, mas esta é tomada como amostra de todas as outras. Com a vinda de Cristo, têm início os "últimos dias" (Hb

1,2), os tempos decisivos. Terminado o tempo da espera, abrem-se os tempos messiânicos, que se concluem na eternidade.

Assim se manifesta qual é a caminhada da Igreja, entre provações e lutas, mas aguardando a glória da nova Jerusalém (21,1-4). Esta é a certeza de quem crê: a história humana tem um sentido. O Apocalipse é o livro da esperança cristã. Jesus havia anunciado aos Apóstolos: "No mundo tereis de sofrer, mas tende confiança: Eu venci o mundo" (Jo 16,33).

O centro da história

Representado na figura de um Cordeiro imolado que está de pé diante do trono de Deus, Cristo Ressuscitado ocupa o centro da visão que aparece ao vidente. O Cristo em seu Mistério Pascal é o ponto de vista a partir do qual é lida toda a história do mundo. O livro que contém os decretos divinos sobre a história humana está selado, isto é, ninguém conhece seu segredo, a não ser o Cordeiro, o Mediador da revelação. Ele tem em suas mãos os destinos do mundo, o livro com os sete selos, e é proclamado "digno de receber o poder, a riqueza, a sabedoria, a força, a honra, a glória e o louvor" (Ap 5,12). Ele alcançou a vitória, para abrir o livro e seus sete selos (5,5). Por isso o Apocalipse inclui, em meio a visões deslumbrantes e por vezes ameaçadoras, uma série de hinos de louvor e ação de graças (capítulos 5, 11, 15 e 19).

Os cristãos fizeram de Cristo o centro de suas vidas e sua Igreja é chamada a testemunhar o Cristo em meio a provações. Quando o Império Romano, para firmar sua unidade periclitante, obriga a população, sob pena de morte, a demonstrar sua lealdade cívica adorando a estátua do imperador, reconhecendo assim sua natureza divina, os cristãos se recusam a cometer o pecado de apostasia, porque sua fé em Cristo é mais preciosa que a vida. O livro do Apocalipse quer encorajar as comunidades a se manterem inabaláveis diante de qualquer perseguição. Ensina a recusar a idolatria imposta por qualquer poder, enaltece aqueles que pagam o preço da fidelidade a Jesus, que pode chegar até o martírio. As vantagens que o mundo oferece não se comparam com a esperança da glória da nova Jerusalém. A convicção deles é a mesma de São Paulo: "Os sofrimentos do tempo presente não têm comparação com a glória futura que se manifestará em nós" (Rm 8,18).

Novos céus e nova terra

São Pedro escreveu que, "conforme a promessa de Deus, esperamos novos céus e nova terra, onde habita a justiça" (2Pd 3,13). Essa promessa encontra-se literalmente em Is 65,17 e 66,22: "Vou criar novos céus e nova terra". A essas palavras, o Concílio Vaticano II teceu este lindo comentário: "Ignoramos o tempo em que a terra e a humanidade atingirão sua plenitude, e também não sabemos que transformação sofrerá o universo. Porque a figura deste mundo, deformada pelo pecado, passa certamente, mas aprendemos que Deus prepara uma nova habitação e uma nova terra, na qual reina a justiça e cuja felicidade satisfará e superará todos os desejos de paz que se levantam no coração dos homens. Então, vencida a morte, os filhos de Deus ressuscitarão em Cristo e aquilo que foi semeado na fraqueza e corrupção, revestir-se-á de incorruptibilidade; permanecendo a caridade e as suas obras, todas as criaturas que Deus criou para o homem serão libertadas da escravidão da vaidade" (GS 39). A criação inteira chegará também a um estado perfeito, totalmente renovado. A liturgia nos ensina a rezar: **"Quando fizermos parte da nova criação, enfim libertada de**

toda maldade e fraqueza, poderemos cantar a ação de graças de Cristo que vive para sempre" (Oração Eucarística, n. 7).

Aqui na terra, o Reino já está misteriosamente presente; quando o Senhor vier, atingirá a perfeição e os justos reinarão para sempre com Cristo, glorificados em corpo e alma, e o próprio universo será renovado. "Deus armará sua tenda entre os homens; Ele habitará com eles; eles serão seu povo e Ele, Deus-com-eles, será seu Deus. E Deus enxugará toda lágrima de seus olhos, e não haverá mais morte, nem luto, nem choro, nem dor, pois o mundo antigo já passou" (Ap 21,3s). Trata-se da Igreja glorificada, chamada de Nova Jerusalém, que o vidente do Apocalipse vê descer do céu de junto de Deus, bela e radiante como uma esposa que se enfeitou para seu esposo.

O paraíso renovado

No último capítulo da Bíblia, lemos: "O anjo mostrou-me um rio de água viva, límpido como cristal, que brotava do trono de Deus e do Cordeiro. No meio da praça da cidade e de ambos os lados do rio encontra-se a árvore da vida que dá fruto doze vezes, um fruto cada mês; e suas folhas servem para curar as nações" (Ap 22,1s). Com imagens tiradas de Gn 2,9 e de Ez 47,12 é o paraíso renovado que se descreve, um retorno ao Paraíso Terrestre. Assim, o final da Bíblia remete a sua primeira página. Voltamos à criação que saiu perfeita das mãos de Deus. **A Bíblia, história do amor de Deus à humanidade, termina no paraíso, onde havia começado.**

Essa criação nova que Deus realiza no término da obra da salvação supera toda a descrição do paraíso. "O rio de água da vida, límpido como cristal" (Ap 22,1) é mais belo que aquele que regava o jardim de Éden com seus quatro braços, pois ele partilha a vida de Deus. A árvore da vida do paraíso multiplica seus frutos por estar de ambos os lados do rio. Ela não parece ser única, é uma alameda de árvores, que produzem novos frutos de mês em mês, como na descrição de Ezequiel 47,12.

Quando a nova Jerusalém descer do céu, será restituído à terra o paraíso perdido, agora transfigurado, perfeito. Com o paraíso começou o primeiro livro da Bíblia e com o paraíso termina seu último livro. A transfiguração envolve toda a criação de Deus; o novo céu e a nova terra tornam-se realidade, porque Deus tornou-se tudo em todos (1Cor 15,28). O sentido é que Deus será o objeto de contemplação direta em todas as criaturas e todos os acontecimentos, ao mesmo tempo que as criaturas redimidas o verão em seu ser com toda a sua luz e toda a sua vida.

O rio de água viva brotando do trono de Deus e do Cordeiro remete ao Espírito Santo que procede do Pai e do Filho. Assim como no Paraíso havia rios e também a árvore da vida que significava a imortalidade, aqui eles reaparecem em todo o seu esplendor. A morada de Deus com os homens é como o Paraíso Terrestre. Estamos de volta às origens, de volta ao Paraíso de onde a humanidade fora expulsa. O Apocalipse nos faz voltar à intimidade com Deus, à imortalidade. Ninguém morre mais. Esse rio de água viva está sempre renovando a vida. Portanto, uma felicidade total. Assim, a Igreja é recompensada por suas lutas, por sua perseverança, pela coragem de se manter fiel.

Santo Agostinho rezava assim: "Se vós, ao cabo de vossas obras excelentes, repousastes no sétimo dia, foi para nos dizer de antemão que, ao cabo de nossas obras, também nós, no sábado da vida eterna, em Vós repousaremos".

O céu que nos espera

Como será o céu? Eis a resposta de São João: "Desde agora somos filhos de Deus, mas ainda não foi revelado o que nós seremos. Sabemos que, quando Ele se manifestar, seremos semelhantes a Ele, porque O veremos tal como Ele é" (1Jo 3,2). Aí está a essência da bem-aventurança prometida e esperada. Os que estão diante do trono de Deus e do Cordeiro contemplam a Deus como Ele é. Na luz eterna da glória de seu Deus, encontram a vida eterna. O Senhor Deus, que criou o primeiro paraíso, refez tudo mais belo e grandioso no paraíso renovado. Reinará a paz universal, não só dos homens entre si, mas também com a natureza e os animais; pura alegria, supressão de todo sofrimento e da própria morte, a entrada em uma Vida sem-fim!

Será possível viver o céu já aqui neste mundo? A Santa Madre Teresa de Calcutá responde que sim e explica: "Depende de nós o estarmos no céu com Deus já agora, o sermos felizes com Ele neste momento. Mas sermos felizes com Ele agora significa: amar como Ele ama, ajudar como Ele ajuda, servir como Ele serve..."

Terminamos, com as palavras que o papa Francisco pronunciou na Audiência Geral de 26/11/2014: "Seremos finalmente revestidos da alegria, da paz e do amor de Deus, de maneira completa, já sem qualquer limite, e estaremos face a face com Ele! (cf. 1Cor 13,12). É bom pensar nisto, pensar no Céu! Todos nos encontraremos lá, todos. Isso é bom, revigora a alma! Estimados amigos, quando pensamos nestas realidades maravilhosas que nos esperam, damo-nos conta de que pertencer à Igreja é verdadeiramente uma dádiva admirável, que traz inscrita em si uma vocação excelsa! Então **peçamos à Virgem Maria, Mãe da Igreja, que vele sempre sobre nosso caminho e que nos**

ajude a ser, como Ela, um jubiloso sinal de confiança e de esperança no meio de nossos irmãos".

PARA REFLETIR

Que lugar a esperança do paraíso tem em sua vida?

Como ser sinal de esperança no meio de nossos irmãos?

Ninguém se salva sozinho. Como ajudar os outros no caminho da salvação?

POSFÁCIO

Espero que Você tenha apreciado o percurso que fizemos pelas páginas da história bíblica e tenha captado algum novo aspecto da revelação divina. Ao escrever esta obra, tive sempre o cuidado de oferecer o melhor do que aprendi nos estudos e na experiência pastoral de meus 62 anos de Sacerdócio. Se sua expectativa não foi satisfeita, saiba desculpar esse seu irmão, que tentou com sincero amor ajudá-lo(a) a ouvir a voz de Deus no Livro Sagrado.

A gente gostaria que Você tivesse toda a liberdade para apresentar seu ponto de vista, suas considerações e seus pedidos de esclarecimento, construindo um proveitoso diálogo. Suas sugestões poderão enriquecer e aprimorar uma possível nova edição da obra.

E que Deus nos abençoe a todos.

Pe. José Raimundo Vidigal, C.Ss.R.

E-mail para contato: jvidigal75@yahoo.com.br

Este livro foi composto com as famílias tipográficas Gibson e Apolline Std
e impresso em papel offset 70 g/m² pela **Gráfica Santuário**.